ro
ro
ro

Ingo Metzmacher ist einer der international gefragtesten Dirigenten, berühmt für seine innovativen Programmgestaltungen und lebendigen Interpretationen.

Geboren 1957 als Sohn des Cellisten Rudolf Metzmacher in Hannover, hatte er seit seinem sechsten Lebensjahr Klavierunterricht und studierte Klavier, Musiktheorie und Dirigieren. 1981 begann seine Zusammenarbeit mit dem Ensemble Modern, dem führenden deutschen Ensemble für zeitgenössische Musik – zunächst als Pianist, dann als Dirigent. 1985 ging er als Solorepetitor an die Frankfurter Oper unter Michael Gielen und debütierte dort 1987 mit Mozarts «Figaros Hochzeit»; sein Debüt an der Brüsseler Oper mit Franz Schrekers «Der ferne Klang» 1988 macht ihn mit einem Schlag über Deutschland hinaus bekannt, zahlreiche Dirigate an führenden deutschen und ausländischen Opernhäusern folgen. Von 1995 bis 1998 war er Erster Gastdirigent der Bamberger Symphoniker, mit denen er den mit höchstem internationalem Kritikerlob bedachten Zyklus der Hartmann-Sinfonien einspielte.

Von 1997 bis 2005 war Ingo Metzmacher als Hamburger Generalmusikdirektor verantwortlich für Oper wie Konzert gleichermaßen. Zurzeit ist er Chefdirigent an der Nederlandse Opera in Amsterdam.

Ingo Metzmacher

Keine Angst
vor neuen Tönen

Eine Reise in die Welt
der Musik

Rowohlt Taschenbuch Verlag

Veröffentlicht im Rowohlt Taschenbuch Verlag,
Reinbek bei Hamburg, Oktober 2006
Copyright © 2005 by Rowohlt·Berlin Verlag GmbH, Berlin
Umschlaggestaltung ZERO Werbeagentur, München
nach einem Entwurf von any.way, Hamburg
(Umschlagillustration: John Cage)
Foto des Autors © Sasha Gusov
Satz hanseatenSatz-bremen, Bremen
Druck und Bindung Druckerei C.H. Beck, Nördlingen
Printed in Germany
ISBN 13: 978 3 499 62125 3
ISBN 10: 3 499 62125 8

Für meine Mutter

Frei ist die Tonkunst geboren
und frei zu werden ihre Bestimmung.

Ferruccio Busoni
(«Entwurf einer neuen Ästhetik der Tonkunst»)

Inhalt

*M*usik ist ein weites Feld. Ehrlich gesagt, ein riesiges, eigentlich unüberschaubares Feld. Um alles kennen zu lernen, bräuchte man wohl mehr als ein Menschenleben. Ich kann hier nur von dem berichten, was mir bisher auf meinem Weg begegnet ist. Was Spuren hinterlassen hat. Was mir wichtig genug erschien, um es mitzuteilen.

Dieses Buch ist keine Enzyklopädie. Es erhebt keinen Anspruch auf Vollständigkeit. Es erzählt von sehr persönlichen Eindrücken. Entwirft Bilder und Skizzen. Will Türen aufstoßen, Schlüssel verteilen. Wer sich angeregt fühlt, möge hindurchgehen, dahinter schauen, sich vertiefen. Egal wohin. Es gibt unzählige Möglichkeiten, die neuen Räume zu erkunden.

Vorwort

Die seltenen Fenster des Lernens: sie sind ein Geschenk. Wenn ich eine Musik höre, die mich anspricht, die in mich hineinfällt wie ein Licht, folge ich ihr, suche nach mehr. Es ist wie ein Bild, ein Gedanke, ein Wort, das in mir hängen bleibt. Das sind die wichtigen Momente. Wenn ich bereit bin, folge ich ihnen wie ein Detektiv, spüre ihnen nach, begebe mich auf Entdeckungsfahrt.

Manche meinen, ernste Musik sei etwas von gestern. Nur für die gemacht, die ein Konzert besuchen. Die glauben, etwas davon zu verstehen. Ich weiß es anders. Große Komponisten sprechen alle an. Ihre Musik ist jedem zugänglich, der sich ihr öffnet. Sie hat uns immer etwas zu sagen. Es lohnt sich, auf sie zu hören. Ganz sicher.

Wer Lust verspürt, sich auf Unerhörtes einzulassen, wer neugierig ist, wer Aufbruch will, wer daran glaubt, dass es hinter der Fassade des täglichen Lebens eine tiefere, wildere und größere Wahrheit gibt, der liegt richtig bei der in diesem Buch beschriebenen Musik. Sie erzählt unentwegt von mutigen Unternehmungen, von Tollkühnheit und Tapferkeit, von Selbstüberwindung und der Erfüllung lang gehegter Träume. Ich bewundere alle Komponisten, die gegen den Wind der öffentlichen Meinung und der Mode ihren schwierigen und steinigen Weg gegangen sind. Um ihrer Vision zu folgen, um sie zu Klang zu formen, auf dass sie weiterklinge für alle Zeit.

Ein Letztes noch. Dies ist ein sehr persönliches Buch. Es hat viel zu tun mit dem, was mich im Innersten bewegt. Jede Musik spricht letztlich davon. Von Verborgenem, Unausgesprochenem, von geheimen Kammern. Sich ihr zu öffnen heißt auch, diesen Bereichen in sich selbst tief ins Auge zu schauen. Darum ist es so, wie es ist. Und konnte nicht anders sein.

Genug der Vorreden. Jetzt geht es los. Wenn irgendein Wort, das mir beim Schreiben untergekommen ist, unbekannt sein sollte, bitte ich, hinten im Glossar nachzugucken. Es gibt musikalische Begriffe, die sich nicht vermeiden ließen. Ich habe versucht, sie zu erklären. Aber eigentlich will ich niemanden belehren. Berichterstatter will ich sein. Von einer Reise, die mich fasziniert. Von Welten, die mich bereichert haben.

*E*r hat noch den Großherzog in der Kutsche gesehen, kannte weder Radio noch Fernsehen, schrie laut Hurra, als es
1919 schulfrei gab wegen der Revolution, und kassierte dafür eine Ohrfeige vom Lehrer. Geboren 1906 in Schwerin als
jüngstes von vier Kindern, hat er das ganze 20. Jahrhundert
mit allen seinen Höhen und Tiefen erlebt. Sein Vater war
Lehrer für Erdkunde und Leibesübungen am örtlichen Gym-
nasium, seine Mutter lieb-
te Musik und setzte sich
für ihn ans Klavier, wann
immer sie Zeit dafür fand.

Mein Vater

Weil der ältere Bruder Cello spielte, wollte er das auch, unbedingt. Die Mecklenburger gelten gemeinhin als Dickköp-
fe, so hat er denn seinen Willen gekriegt. Er bekam Unterricht beim ersten Cellisten des großherzoglichen Theaters,
bei Lehrer Läppchen, wie er ihn nannte. Er war begabt und
lernte schnell. Bald war er in der Lage, mit seiner Mutter zusammen die schönsten Melodien zu spielen: «Der Mond ist
aufgegangen» oder «Bei Männern, welche Liebe fühlen».

Mit 15 fing er an, sich sein eigenes Geld zu verdienen und
ging zum Kino. Damals war die große Zeit des Stummfilms,
Musik wurde dringend gebraucht. Der Mann am Klavier
hatte die Leitung inne und verteilte die Aufgaben, je nach
dem, welches Instrument gerade zur Verfügung stand. Ob es
sich um ein Heldenepos oder um einen Slapstick, um rasende
Verfolgungsjagden oder um sternklare Nächte handelte, für
alles gab es die passende Nummer in seinem dicken Buch.
Der Cellist musste bei den Liebesszenen ran, ist doch klar.
Da durfte er sich austoben, und hinterher gab es Geld, das
konnte er gut gebrauchen. Natürlich hat er auch regelmäßig

geübt, denn Cello spielen ist eine ziemlich komplizierte Angelegenheit und verlangt tägliches Training. Aber er hatte Gelegenheit, das Gelernte auch spielerisch anzuwenden, sei es vor der Leinwand oder im Orchestergraben. Lehrer Läppchen nahm ihn schon mal mit zu «Tosca» oder «Zauberflöte». Er hat das Musikmachen sozusagen auf der Straße gelernt, wie andere Kinder das Fußballspielen.

Mit 16 wollte er nicht mehr zur Schule gehen, sondern Musiker werden, Cello spielen sein Leben lang. Es war nicht einfach, die Eltern zu überzeugen. Die näheren Verwandten schalteten sich ein und rieten, den Jungen einen anständigen Handwerksberuf erlernen zu lassen, auch zum Kaufmann würde er taugen. Sein Lehrer widersprach, er erkannte das besondere Talent und erreichte, ihn auch weiter unterrichten zu dürfen, bis er alt genug sei, um auf ein Konservatorium zu gehen. In der Zwischenzeit trat er zunehmend solistisch auf, im Café in Zippendorf und bei der Kurkapelle in Friedrichsroda.

Mit 18 durfte er endlich nach Leipzig zum Vorspielen. Der berühmte Professor Julius Klengel, eine Legende schon zu Lebzeiten, hörte ihn an, verließ aber nach kurzer Zeit den Raum mit der Bemerkung, er solle bitte warten, bis er zurück sei. Mein Vater bekam einen gewaltigen Schreck – war er denn so schlecht gewesen? Das Gegenteil war der Fall. Klengel kehrte in Begleitung wieder, mit dem Direktor höchstpersönlich. Mit ernster Miene folgten die beiden Herren dem Spiel meines Vaters. Der legte von neuem los, was hatte er schon zu verlieren. Schließlich wurde er aufgenommen in das berühmte Leipziger Konservatorium, das war eine große Sache. Und den Eltern blieb gar nichts anderes übrig, als ihren Sohn in das ferne Sachsen ziehen zu lassen. Sie waren sehr stolz auf ihren jüngsten Sprössling. Leipzig war damals das Zentrum der Musiktradition in Deutschland. Robert Schumann, Felix Mendelssohn Bartholdy und Max

Reger hatten hier gewirkt und der junge Wilhelm Furtwäng-
ler gerade das weltberühmte Leipziger Gewandhausorches-
ter übernommen. Wer etwas werden wollte, ging nach Leipzig in jenen Tagen. Die Welt der Musik schien dort noch in
Ordnung zu sein, während anderswo, in Wien oder Berlin,
bereits der große Umbruch im Gange war.

Nach dem Studium spielte er zehn Jahre im Orchester,
ganz vorne als Solocellist, erst in Stettin, dann in München,
schließlich in Hamburg an der Staatsoper. Dort wohnte er am
Alsterglacis und ging zu Fuß zum Dienst, meistens auf den
letzten Drücker. Einmal kam er so spät, dass er gerade noch
die Noten aufschlagen konnte. Dummerweise nicht auf Seite
eins. Und während der Dirigent seinen Auftakt für das leise
Vorspiel gab, war mein Vater schon bei der nächsten Nummer
und spielte laut und störend dazwischen. Na, das gab richtig
Ärger. Der Dirigent verlangte seine Entlassung, aber der In-
tendant der Oper hat nur gelacht. So wie mein Vater, wenn
er uns die Geschichte erzählte. Mehrfach hat er in Bayreuth
gespielt, unter Arturo Toscanini und Hans Knappertsbusch.
Dort wurde er bekannt dafür, dass er gern auf dem Treppen-
geländer im Orchestergraben herunterrutschte. Er konnte
auch rückwärts auf dem Lenker sitzend Fahrrad fahren. Und
in unserem Garten hatte er ein Drahtseil gespannt, auf dem
er oft und gerne mit einem kleinen Schirmchen balanciert
ist. Alles eine Frage des Gleichgewichts. Nix as dumm Tüch,
wie der Mecklenburger sagt.

Sein Instrument hat er sehr ernst genommen. Selbst, als
er schon lange im Beruf war, hat er noch weiterstudiert, bei
Hugo Becker, einem der bedeutendsten Cellisten in ganz
Europa. Er wollte einfach alles wissen über die Kunst des
Cellospielens. Damals fing er an, sich Übungen auszudenken, um sein Spiel zu perfektionieren. Später schrieb er sie
dann auf und ordnete sie so lange, bis er in der Lage war,
alle vorkommenden Griffe der linken Hand innerhalb einer

Stunde durchzuarbeiten. Wir mussten es jeden Tag anhören. Es klang ziemlich schrecklich, aber er glaubte daran.
Auch alle möglichen Bewegungen des rechten Arms hat er
aufgezeichnet und systematisch aufgelistet. Damit konnte er
sich tagelang beschäftigen. Für seine Schüler band er einen
alten Bogen an einen Rollschuh und ließ sie damit auf dem
Tisch Trockenübungen machen. Er selbst saß beim Üben vor
einem großen Spiegel und studierte minutiös seinen Bewe-
gungsablauf. Er war immer auf der Suche und nie mit seinem
Spiel zufrieden. Das ist das Schicksal aller großen Musiker.

1939 hatte er genug vom Orchester und folgte dem Ruf
nach Frankfurt am Main, um an der dortigen Musikhochschule zu unterrichten. Ein Jahr später wurde er Mitglied im
Streichquartett des renommierten Geigers Wilhelm Stross.
Geprobt wurde in München, sodass er ständig pendeln musste. Und das mitten im Krieg. Schwer, sich das heute vorzustellen. Mein Vater hatte riesiges Glück, weil er auf einer Liste
von Musikern auftauchte, die nicht zum Militär eingezogen
werden durften. Sie sollten stattdessen das kulturelle Leben
in der Heimat aufrecht erhalten. Das bedeutete zwar ständiges Umherziehen, Konzerte an den entferntesten Orten des
Reiches, für die Daheimgebliebenen sowie die Verletzten
in den Lazaretten, aber auch relative Sicherheit. Dennoch
stand ihm manches Mal ein Schutzengel zur Seite, wenn der
Saal, in dem er gerade noch gespielt hatte, in der folgenden
Nacht durch einen Bombenangriff in Schutt und Asche gelegt wurde.

Das Ende des Krieges hat er auf dem Land erlebt. Als er
nach Frankfurt zurückkam, fand er seine Wohnung leer
geräumt von den Amerikanern. Fast alles war verloren. Auch
die Professur wurde ihm aberkannt. Er hat sich dann zunächst eine Weile mit Unterrichten durchgeschlagen und
ist über die Dörfer gezogen. Es gab wohl kaum einen Ort,
an dem er nicht gespielt hat. Auf einer dieser vielen Reisen

lernte er meine Mutter kennen. Sie stammte aus gutbürgerlichem Hause, hatte Biologie in Heidelberg studiert und arbeitete am Max-Planck-Institut in Wilhelmshaven. Dort trafen sich die beiden nach einem Konzert. Jahrelang sahen sie sich nur selten, waren aber in ständigem Briefkontakt. Schließlich ließ meine Mutter alles stehen und liegen und zog mit ihm nach Hannover. Ich wurde als ihr zweites Kind geboren, im November 1957. Mein Vater war in England. Er hatte ihr noch zugerufen: «Nenn's wie du willst.»

Wir haben ihn nicht oft gesehen. Von Marokko bis Indien, von Russland bis nach Japan hat er mit dem Stross-Quartett die Welt bereist. Bisweilen wurde auch in Hannover geprobt, auf der Durchreise. Dabei habe ich zum ersten Mal eine Geige gesehen. Ich war sehr erstaunt: «So klein?», wollte ich wissen. «Weißt du, die wächst noch.» Ich glaubte es. Wir Kinder durften auch schon mal zuhören. Selbst abends, wenn wir im Bett waren, blieb die Tür offen. So bin ich oft in den Schlaf gewiegt worden. Bis eines Morgens ein Anruf kam und mein Vater plötzlich ganz still wurde am Telefon. Wilhelm Stross war in der Nacht gestorben, vollkommen unerwartet. Das war im Januar 1966. Dieser Verlust war nicht zu ersetzen, das Quartett löste sich auf. Nie habe ich meinen Vater so traurig gesehen. Ich habe gespürt, dass damals etwas Unwiederbringliches für ihn verloren ging.

Danach war er mehr zu Hause. Inzwischen spielte ich Klavier und durfte umblättern, wenn ein Pianist ins Haus kam, um mit meinem Vater Sonaten zu spielen. So lernte ich Musik aller Art mitzulesen und hatte Spaß daran. Oft kamen Freunde zu uns, mit denen er musizierte, und zwar ganz unabhängig davon, ob ein Konzert vorbereitet wurde oder nicht. Pulte wurden aufgestellt, die berühmte Kammermusiklampe in Position gebracht, die Noten verteilt, und schon ging es los. In unserem Wohnzimmer steht noch heute die gesamte Kammermusikliteratur von Bach bis Reger. Es wurde in allen möglichen Formationen gespielt, vom Duo bis zum Sextett. Meistens aber in der Königsdisziplin, dem Streichquartett. Eine beliebte Runde bestand aus einem befreundeten Landwirt, der ein sehr guter Geiger war, dem Direktor der Hochschule an der Bratsche sowie vorzugsweise einer jungen Studentin, die den Part der zweiten Geige übernahm. Ich saß immer dabei und habe begierig einen großen Teil der Streichquartettliteratur in mich aufgesogen. Diese Musik ist mir bis heute etwas ganz Besonderes geblieben.

Als ich genug Fortschritte gemacht hatte, durfte ich hin und wieder Schüler im Unterricht meines Vaters begleiten. Na, der konnte ganz schön streng sein. Bei jedem falschen Ton kam ein lautes «Hei» aus seiner Ecke. Da bekam ich einen solchen Schreck, dass ich diesen Fehler jedenfalls nicht wiederholte. Er unterbrach oft, weil er die eben gespielte Phrase, wie er es ausdrückte, nicht verstanden hatte. Es war ihm wichtig, dass Musik so dargeboten würde, dass man sie verstehen könne. Er verlangte Klarheit in der Darstellung und im Ausdruck. Er hasste Eitelkeit und alles, was sich in den Weg zwischen Musik und Hörer stellte. Er hat mir oft gesagt, dass es doch eine Gnade sei, musikalisches Talent zu haben. Dafür sollte man dankbar sein.

Dabei war er ein Musikant, wie er im Buche steht. Zu jeder Zeit bereit, draufloszumusizieren. Zum Beispiel haben wir uns zusammen ans Klavier gesetzt und vierhändig gespielt, er links, ich rechts. Wenn ich das Stück nicht kannte, fragte ich ihn, wie geht denn das. Spiel einfach los. Aber wie schnell denn, fragte ich. Das merken wir dann schon. Ja aber woher soll ich denn wissen, jetzt wurde er ungeduldig, na nu spiel doch endlich los, und so spielte ich los, ohne Rücksicht auf Verluste. Die waren hoch, das klingende Ergebnis alles andere als hörenswert. Aber auf diese Weise hat er mich gelehrt, vom Blatt zu lesen, musikalische Zusammenhänge blitzschnell zu begreifen. Ein unschätzbarer Vorteil, von dem ich heute noch profitiere. Ich durfte ihn auch in kleineren Stücken begleiten. Dabei gab er mir den wertvollen Tipp, den Klavierpart immer von unten nach oben zu lesen. Wenn die Bassnote stimmte, war für ihn alles in Ordnung. Aber wehe, sie war falsch. Dann kam wieder dieses «Hei», das ich einfach nie vergessen werde.

Mein Vater hatte ein sehr gutes Gehör. Er wusste immer genau, welche Note oder welche Wendung eine Modulation auslöst, den Schritt von einer Tonart zu einer anderen. Er konnte es nicht erklären, aber er wusste es. Und er wollte, dass jeder es versteht, so spielte er. Er war kein Interpret im modernen Sinn, der ein Stück unbedingt neu erzählen muss. Er wollte die Musik so darstellen, dass sie von allein zu sprechen beginnt. Dass sie sich entwickeln kann, in des Wortes tiefster Bedeutung. Denn es gibt nichts hinzuzufügen zu dem, was ohnehin schon da ist. Die Kunst besteht darin, ihre Eigenheit freizulegen, ihr Raum zu geben und atmenden Klang. Sich ihr in jedem Augenblick ganz zu widmen und dabei genau zu spüren, an welchem Punkt ihres Verlaufs, ihrer Form man sich befindet.

Dazu passte auch seine Haltung beim Spiel. Ganz in sich gekehrt, saß er in voller Konzentration hinter seinem Instrument. Nichts konnte ihn ablenken. Mit seinen großen Händen schien er das Cello zu umarmen. Seine Gesichtszüge waren völlig entspannt. Er spielte mit großer Ruhe und natürlichem Schwung, er konnte Rhythmen äußerst markant setzen und herrlich lange Melodiebögen spannen. Unvergesslich seine Brahmssonaten, sein Beethoven, sein Bach. Die sechs Solosuiten von Johann Sebastian Bach sind für jeden Cellisten eine Herausforderung, der er sich ein ganzes Leben lang stellen kann. Mein Vater tat es bis ins hohe Alter hinein. Jeden Abend spielte er meiner Mutter Teile aus ihnen vor.

Wenn ich ihn besuchte, erzählte ich ihm von dem, was

ich so mache. Er nahm lebhaft Anteil, denn er war stolz, dass eines seiner Kinder Musiker geworden ist. Obwohl er wusste, dass ich einen ganz anderen Weg gehe. Er glaubte an die Musik von Bach bis Reger, so wie er sie einst in Leipzig erlernt hatte. Trotzdem hat er zur Feier seines 80. Geburtstags Werke von Ernst Krenek und Paul Hindemith aufgeführt. Aber als ich versuchte, mit ihm die Cellostücke von Anton Webern zu spielen, mussten wir nach einer Weile abbrechen. Es sind Miniaturen, kurze Ereignisse ohne Folgen, jede steht für sich. Er sagte, er verstünde diese Musik nicht, er wisse nicht, wohin die Töne gingen.

Weihnachten 1998 habe ich ihn zum letzten Mal gehört. Er spielte Bach, C-Dur glaube ich. Da schwang ein Abschied mit. Irgendwann hat er dann aufgehört zu spielen. Er war zu alt geworden und sang nur noch vor sich hin. Im Januar 2004 ist er gestorben. Bis zum Schluss hat die Musik ihn nicht losgelassen. Sie war seine tiefste innere Berufung. Sie war sein Leben.

Viele Menschen haben danach geschrieben. Haben sich an ihn erinnert, ihre Dankbarkeit ausgedrückt, von ihren Erlebnissen mit ihm berichtet. Er hat sie berührt, mit seiner Musik, mit seinem Wesen. Er war ein begnadeter Lehrer, hat Generationen von Schülern geprägt. War immer für sie da, auch als Freund und Berater. Manches von dem, was ich da las, überraschte mich, weil ich es nicht gewusst habe. Vielleicht denkt man über Menschen erst richtig nach, wenn sie von einem gegangen sind. Mein Vater hat selten von sich erzählt. Er hat vieles von dem, was ihn bewegte, in die Musik gelegt, es in ihr aufgehoben. Sie war ihm bei weitem das Wichtigste. Jeder Ton, den er spielte, kam aus seinem Herzen, dort wo einem alten chinesischen Sprichwort nach alle Töne entstehen. Und er wusste um das ungeheure Privileg, einen Beruf zu haben, bei dem es gerade darauf ankommt, sein Herz sprechen zu lassen. Den Worten des Pfarrers nach, der auf seiner Trauerfeier sprach, besaß mein Vater eine große Herzkraft. Er habe, so sagte er, keinen Menschen gekannt, der so angstfrei lebte wie er. Es war wohl sein Naturell, eine Art Urvertrauen, vielleicht sogar ein tiefer Glaube. Wer im Herzen gegründet ist, hat keine Angst.

Oft habe ich mich von ihm verabschiedet und dachte, es sei vielleicht das letzte Mal. Wenn er es spürte, hat er es doch nie gezeigt. Im Gegenteil, er hat es mir jedes Mal leicht gemacht. Wenn ich gehen musste, nahm er meine Hand, küsste sie, guckte mich lachend an und sagte dann: «Nu hau doch endlich ab!»

Als ich siebzehn war, bin ich zum ersten Mal einem tatsächlichen lebenden Komponisten begegnet. Anton Plate dirigierte damals das Jugendsinfonieorchester, in dem ich die Pauke schlug, und machte großen Eindruck auf mich, weil er ganz anders über Musik sprach, als ich es bis dahin gewohnt war. Eines Tages durfte ich ihn zu Hause besuchen. Dort habe ich dann erlebt und gespürt, wie ein Komponist arbeitet. Überall

Gespräch mit einem Komponisten

hingen riesige Partiturseiten an der Wand, mit einer Anzahl von Systemen, wie ich sie niemals zuvor gesehen hatte. Auf dem Flügel im Arbeitszimmer stapelten sich Noten, lose Blätter, Bücher, Schallplatten, es schien mir ein großes Durcheinander zu sein. Aufgeschlagen auf dem Pult «Der Rosenkavalier» von Richard Strauss, daneben Skizzenblätter voll von Bleistiftnotizen, manche durch Zeichen hervorgehoben, andere ausgestrichen, augenscheinlich verworfen. Auf dem Schreibtisch in mehreren Lagen begonnene Partiturseiten, Rechnungen, Briefe, Probenpläne, wie konnte man sich hier nur zurechtfinden. Ich war wie erschlagen. Dazu quollen die uns umgebenden Regale über von Literatur jeder Art, Bildbänden und Landkarten. Auf dem Boden lagen Noten, in Stapeln geordnet, deren Sinn mir verschlossen blieb. Anton schien das alles nicht im Geringsten zu stören. Er bewegte sich ganz natürlich in dieser scheinbaren Unordnung, strebte sogleich zum Klavier und spielte mir aus seinem neuesten Stück vor, Ausschnitte nur, denn es war noch nicht fertig. Wie es etwa an dieser Stelle weitergehen werde, wisse er noch nicht, aber den Schluss habe er schon, immerhin. Er wolle mir aber unbedingt ein paar Skizzen zeigen, Ideen zu einem nächsten Stück, die er schon notiert habe. Etwas entstehen zu sehen ist sehr aufregend. Ich hatte mich bisher nur mit gedruckten Noten beschäftigt, meist auf etwas verblichenem Papier. Hier konnte ich tatsächlich miterleben, wie Noten aufgeschrieben wurden, wie ein Stück Musik erdacht, konzipiert und in Zeichen übertragen wurde, das war ungeheuer faszinierend. Und ich konnte viele Fragen stellen, deren Antworten nach und nach die Perspektive veränderten, mit der ich Musik wahrnahm. Warum das so ist, kann ich schwer erklären. Ich glaube, es hängt damit zusammen, dass der Blick eines Komponisten, also eines Menschen, der Musik erfindet und zusammenstellt, ein anderer ist als der eines ausführenden Musikers, der etwas übersetzt und zum Leben erweckt, was ein anderer geschaffen hat. Wie auch immer, um diese Wirkung auf mich nachzuvollziehen, habe ich versucht, Teile dieser Gespräche zu rekonstruieren.

A   Ich kann immer nur sagen, das hört man doch.
I   Man hört also bei Musik, ob die gut ist oder nicht.
A   Ja. Nur gute Musik kann wirklich schön sein. Eine Musik, die nach einer tiefen Wahrheit sucht.
I   Aber es muss doch konkrete Anhaltspunkte geben.
A   Maurice Ravel hat schon gesagt, dass man die Qualität von Musik nicht wirklich messen kann ...
I   Also die Kenner hören es, und die anderen müssen den Kennern glauben.
A   ... dass es einfach nicht geht. Er sagt dann so etwas wie, es ginge nur um zwei Punkte: Fülle und Aufrichtigkeit des Ausdrucks.
I   Was meinst du mit Fülle des Ausdrucks?
A   Das heißt, dass ein gewaltiges Repertoire an Ausdrucksmöglichkeiten zur Verfügung steht. Eine große Palette. Vordergrund, Hintergrund, oben, unten, riesige Räume,

kleine Räume, alles ist da. Das ist die Fülle des Ausdrucks. So verstehe ich das.

I Mich irritiert, dass Ausdruck in der Musik immer auf menschliches Gefühl beschränkt bleibt.

A Davon redet Ravel ja gar nicht. Das ist überhaupt nicht gemeint.

I Geht Fülle des Ausdrucks also weit über dieses Gefühl hinaus?

A Ja. Es geht nicht um das, was ausgedrückt wird. Überhaupt ist das auch ein falsches Verständnis von Ausdruck. Muss denn hinter einem Ausdruck immer etwas stehen?

I Aber die meisten denken doch bei Ausdruck in Musik an traurig oder fröhlich, um nur die einfachsten zu nennen.

A Wieso, warum soll denn Musik nicht selber rausgedrückt werden. Es gibt doch bei Wittgenstein diese tolle Stelle … Also, ich habe es so in Erinnerung, dass er sagt, viele Leute reden darüber, als ob Musik Gefühle ausdrückt. Wir hingegen sind geneigt zu sagen, Musik bedeutet sich selbst.

I Also der Ausdruck, den Musik ausdrückt, ist nur durch Musik …

A Sie drückt sich selbst aus. Und wenn wir von Musik traurig werden, dann macht uns die Musik traurig.

I Aber nicht: die Musik ist traurig.

A Nein.

I Sie macht uns traurig.

A Genau.

I Ein wichtiger Unterschied.

A Man kommt der Sache nicht viel näher.

An dieser Stelle müssen wir einen Moment innehalten, denn dass Musik tatsächlich nur sich selbst ausdrückt, dass sie keine andere Bedeutung trägt als sich selbst, fordert Widerspruch heraus. Was ist mit all der Musik, die durch ihren

Titel etwas ganz Bestimmtes beschreibt (denken wir zum Beispiel nur an «Die Moldau»), was ist mit einer Oper wie «Carmen», was ist mit der Musik zu «Indiana Jones»? Erweckt sie in uns nicht konkrete Bilder, Inhalte, eindeutig beschreibbare Gefühle? Natürlich ist das so. Aber es geht uns hier um die Frage, ob Töne, Klänge, die wir hören, etwas bedeuten, so wie Worte unserer Sprache etwas bedeuten. Das müssen wir verneinen, denn kein Ton könnte die Bedeutung tragen, die etwa das Wort «Zigarette» trägt. Das klingt banal, muss aber in aller Deutlichkeit festgestellt werden. Musik braucht keine Übersetzung. Es ist ihre ungeheure Stärke, dass sie nichts anderes bedeuten kann und will als sich selbst.

A Es gibt Menschen, die sind noch ganz klein, meinetwegen sechs, sieben Jahre alt, die hören Musik und denken immer nur, so was möchte ich auch mal machen.

I So war das bei dir.

A Ja, ich kann mich erinnern, ich ging noch gar nicht zur Schule, da habe ich meine Mutter gefragt, wie viele Komponisten gibt es eigentlich, drei oder vier, Bach, Mozart, Beethoven … und meine Mutter hat gesagt, nein, es gibt ganz viele Komponisten, Tausende, es gibt so viele verschiedene Sorten von Musik, das kannst du dir gar nicht vorstellen. Das hat mich erst mal total deprimiert.

I Du bist demnach früh mit Musik in Berührung gekommen.

A In Berührung kommt ja jeder. Vielleicht interessiert sich auch jeder. Wichtig ist, was dann passiert. Beispielsweise hat mir mein Vater ein altes Klavier in mein Zimmer gestellt. Das neue stand im Wohnzimmer, an dem saß ich sehr ungern, weil alle mithören konnten. Aber das alte Klavier in meinem eigenen Zimmer, das war eine richtige Großtat meines Vaters. Ich konnte da machen, was ich wollte, ohne dass ich beobachtet wurde.

I Du hast auch Orgel gespielt.

A Ja, als ich schon etwas älter war, hat mir unser alter Dom-
organist seinen Schlüssel in die Hand gedrückt und gesagt, du kannst immer an der Orgel spielen, wenn im Dom
nichts los ist, auch nachts, du gehst einfach auf die Em-
pore und probierst ein bisschen rum. So habe ich dann
halbe Nächte an der Orgel verbracht und wie verrückt
herumgesucht, was alles an Klängen möglich ist.

I Und wie geschah es, dass du selber komponieren wolltest?

A Da war ich etwa zwölf, dreizehn. Ich habe im Radio das
erste Klavierkonzert von Rachmaninow gehört. Das fand
ich einfach umwerfend. Das wollte ich auch können.

I Und, hast du es probiert?

A Ja, ich habe ständig an einem eigenen Konzert herumge-
fummelt, sogar in der Schule, wenn es langweilig war.

I Klang das erst mal so ähnlich wie Rachmaninow?

A Natürlich, klar.

I Und wann hast du dich davon gelöst, wann kam dann der
Wunsch, etwas ganz Eigenes zu schreiben?

A Das kann man gar nicht genau festmachen. Das kam erst
ganz allmählich. Das entwickelt sich buchstäblich genauso, wie du immer mehr Musik kennen lernst. Irgendwann
kennst du so viel Musik, dass dann kaum noch etwas übrig bleibt außer dem, was du immer schon einmal hören
wolltest, was es aber noch nicht gibt.

I Und das schreibst du dann.

A Ja. Ich fülle Lücken. Ich schreibe das, was ich unbedingt
einmal hören möchte, was es aber noch nicht gibt.

I Angenommen, du hättest diese Idee, dass eine Geige wie
ein Komet über dem Orchester schwebt, könnte so etwas
der Anfang zu einem neuen Stück sein?

A Ja, das könnte sein.

I Oder eher ein bestimmtes Motiv, ein Melodie?

A Das kann auch sein, eine bestimmte Wendung, die einen reizt, das kann auch sein. Aber du suchst ja nicht das Thema. Entweder hast du das Thema oder du hast es nicht. Und du weißt auch, wenn du keins hast, weil du einfach nicht klarkommst. Man geht wie ein Schlafwandler hinter seinem Thema her, wenn man es hat.

I Was ist das für ein Gefühl, Noten auf ein Papier zu schreiben und sich dabei vorzustellen, wie das wohl klingen mag?

A Eine Partitur mit all ihren Klängen zusammenzusetzen aus Abertausenden von Zeichen, das hat etwas von Zauberei. Komponisten sind Zauberer, weil sie Geheimnisse anwenden. Es ist aber auch Zauberei, dass sich irgendetwas fügt.

I Wie meinst du das?

A Ich habe beobachtet, was ich eigentlich tue, wenn ich Noten schreibe. Bei mir ist es so, dass ich nachdenke und immerzu Konstellationen schaffe, und ich warte nur darauf, dass es sich fügt. Ich komponiere eigentlich kein einziges Stück. Ich mache das gar nicht. Ich stelle immer nur die Sachen bereit, ich kippe verschiedene Substanzen zusammen und hoffe, dass dabei Gold rauskommt. Und es kann sehr wohl sein, dass es ewig nicht klappt.

Der Komponist: ein Schlafwandler, ein Zauberer, ein Magier, der etwas zusammenmischt und gar nicht genau weiß, was daraus entsteht? Das hatte ich mir ganz anders vorgestellt. Ich dachte immer, ein Künstler wüsste alles über die ihm zur Verfügung stehenden Mittel, würde sie in ihrer Wirkung gegeneinander abwägen und souverän entscheiden. Das Bild des Komponisten, dessen Hand von göttlicher Eingebung geführt wird, war mir eher suspekt. Aber das ist hier überhaupt nicht gemeint. Es sind ganz einfach Umschreibungen, Annäherungen an das, was wir einen schöpferischen Prozess nennen. Wer jemals, auf welchem Feld auch immer, versucht hat, etwas Eigenes zu entwickeln, hervorzubringen, wird wissen, dass dieser Vorgang letzten Endes im Dunkeln liegt. Der Blick aus dem Fenster, das Warten auf den entscheidenden Einfall, wer kennt es nicht? Dann plötzlich sind die Ideen da, verfolgen einen und wollen verfolgt werden so lange, bis wir uns ihrer annehmen und sie zu einem Ziel führen, das uns angezeigt schien. Um dort hinzukommen, müssen wir Umwege in Kauf nehmen, müssen herumprobieren, umstellen, neu anordnen und dabei immer hoffen, dass wir auf der richtigen Spur bleiben. Anderes Thema:

A Es gibt keine stärkeren formalen Eingriffe als die Tatsache, dass Musik beginnt und Musik aufhört. Das ist ganz entscheidend. Das sind zwei Punkte, die sind einfach so. Wenn es überhaupt beginnt und wenn es endet, was ja zwei Seiten derselben Münze sind, dann ergibt sich von allein das Nachdenken darüber, was ist zwischendurch eigentlich los? Das heißt, die Formen, die wir so kennen, sind Stationen einer Reise. Es gibt da einen Bewegungsprozess zwischen Anfang und Ende, der mich interessiert. Ich fühle auch keine Notwendigkeit, am Schluss da zu landen, wo ich begonnen habe. Es kann sein, dass ich von zu Hause losfahre, es kann aber auch sein, dass ich aus der Fremde komme. Aber auf jeden Fall komme ich am Schluss nach Hause.

I Und das muss nicht eine bestimmte Tonart sein.

A Nein, nein, das kann ganz anders funktionieren. Es kann auch so ein generelles Zuhause sein.

I Wie wichtig ist es für die Form, dass sie in der Zeit erst entsteht?

A Das ist ganz entscheidend. Die Ereignisse sind nicht gleichzeitig da, sie passieren nacheinander. Es ist eben nicht wie bei einem Bild, das wir in allen Einzelheiten gleichzeitig betrachten können. Aber trotzdem haben wir durch Partituren natürlich die Möglichkeit, Musik auch bildlich, also gleichzeitig anzugucken.

I Ja, aber das ist nicht die Musik, die erst im Ablauf der Ereignisse entsteht.

A Es ist aber auch die Musik, für einen Komponisten spielt das genauso eine Rolle.

I Ist Wiederholung wichtig, um eine Form zu bilden?

A Es gibt immer zwei Möglichkeiten. Es gibt die Möglichkeit der Musterbildung; das passiert durch Wiederholung oder durch Dinge, deren Ähnlichkeit man erkennt. Das findet seinen Ausdruck in dem, was wir Sequenz nennen. Es gibt aber auch grammatische Vereinbarungen, die ebenfalls Zusammenhang und Logik stiften. Das ist das, was wir Kadenz nennen.

I Was ist eine Kadenz?

A Kadenz ist eine Folge von Harmonien, die sozusagen ein Zentrum kreieren. Die auf eine Tonart hinweisen. Auf welche Art auch immer. Es gibt ja Millionen von Möglichkeiten, Akkorde aufeinander folgen zu lassen, die musikalisch einen Sinn ergeben.

I Und wie ist es mit der Wiederholung?

A Das ist eine Sache, die einfach nur logisch ist. Also, wenn ich eine Sache zum zweiten Mal höre, dann weiß ich im Unterschied zum ersten Mal, was kommen wird, vorausgesetzt, ich habe beim ersten Mal gut zugehört. Das heißt, ich kenne die Zukunft der einzelnen Ereignisse. Ich kann sie einordnen. In eine Form bringen. Und dann wirken sie natürlich ganz anders. Es ist überhaupt so, dass ich im Grunde genommen ein Stück nur dann schätzen und kennen lernen kann, wenn ich zu jedem Zeitpunkt voraushöre, was kommen wird. Und es in Beziehung setze zu dem, was ich bereits gehört habe. Denn das ist letztlich die Form, die Musik herausbildet. Das Vorher und das Nachher. Die Reise zwischen Anfang und Ende. Und insofern dem Leben sehr nah.

Gemessen wird sie in Minuten und Sekunden. Wahrgenommen in Stunden und Tagen. Gezählt in Wochen und Monaten. Erfahren in Jahren, in Jahreszeiten. Sie verfließt immer. Ohne Unterlass. Alles Leben findet in ihr statt. Alles Wachsen und Vergehen. Sie nimmt keine Rücksicht. Sie ist für alle da.

Wenn ich sie doch anhalten könnte, nur für einen Augenblick. Wenn ich nur wüsste, wie das geht. Im Film hab ich das schon gesehen. Ein Schnipsen mit dem Finger, und alles um mich herum steht still. Ich bin **Zeit** allein mit mir und dem Moment, oder doch nicht ganz. Es bleibt ein Traum. Der deshalb so verführerisch ist, weil er nicht Wirklichkeit werden kann. Denn die Zeit verrinnt. Sie verfällt, sie verfliegt, sie ist nicht aufzuhalten.

Hugo von Hofmannsthal legt es der Marschallin so trefflich in den Mund im «Rosenkavalier»:

Die Zeit, die ist ein sonderbar Ding. Wenn man so hinlebt, ist sie rein gar nichts. Aber dann auf einmal, da spürt man nichts als sie. Sie ist um uns herum, sie ist auch in uns drinnen. In den Gesichtern rieselt sie, im Spiegel da rieselt sie, in meinen Schläfen fließt sie, und zwischen mir und dir, da fließt sie wieder. Lautlos, wie eine Sanduhr. Oh Quinquin, manchmal hör ich sie fließen, unaufhaltsam. Manchmal stehe ich auf mitten in der Nacht und lass die Uhren alle stehn …

Danach lässt Richard Strauss es dreizehnmal schlagen, eine Stunde, die es gar nicht gibt.

Die Zeit: manchmal plätschert sie dahin und lässt sich treiben. Unterhält uns, lenkt uns ab, vergnügt sich, ist sich selbst genug. Wiegt uns trügerisch in gutem Glauben, scheint aufgehoben, gar nicht da. Doch plötzlich packt sie uns, schleicht quälend langsam, scheint zu kriechen. Müht sich, staut sich, steuert zu auf einen Punkt der Unumkehrbarkeit. Ist der erreicht, schnellt sie hervor wie ein Pfeil, stürzt hinab wie ein Wasserfall. Wie auseinander gerissen in ihre Einzelteile rast sie voran, ist nicht zu bremsen. Wehe dem, der darauf nicht vorbereitet ist.

Wir befinden uns ständig auf einem Zeitpfeil, der das Jetzt im selben Moment, da wir es erkennen, bereits in ein Vergangenes verwandelt und das Zukünftige in die Gegenwart hereinholt. Beim Musikhören wird uns das auf besondere Weise bewusst, weil es um nichts anderes geht. Dabei wird die Menge der Ereignisse, an die wir uns erinnern können, ständig größer, das, was vor uns liegt, dagegen immer weniger. John Cage hat das in seiner unnachahmlichen Art beschrieben. Einfach und klar, auf den Punkt gebracht:

> *Das Hören hat die Eigenschaft, dass man etwas hört und dann feststellt, dass man es nicht mehr hört, sondern etwas anderes. Das ist das Wesentliche beim Hören. Wenn man ein Bild betrachtet, hat man nicht das Gefühl, dass es irgendwann verschwindet. Hört man aber Töne, so hat man den Eindruck, dass sie verklingen und andere an ihre Stelle treten. Man wird dazu gebracht, dem zeitlichen Ablauf der Ereignisse seine Aufmerksamkeit zu widmen. Man erkennt, dass man sich im direkten Kontakt mit dem Vergänglichen befindet.*

Es gibt auch die Theorie, dass eigentlich alles gleichzeitig passiert, dass lediglich unsere Art der Wahrnehmung das Geschehene nacheinander anordnet. Time in a nutshell.

Bernd Alois Zimmermann hat in seinem «Requiem für einen jungen Dichter» alles auf engstem Raum zusammengepackt, was ihm zusammengehörig schien: Wittgensteins Nachdenken über die Bedeutung von Worten prallt auf den «Ulysses» von James Joyce. Alexander Dubceks Ansprache an das tschechische Volk nach dem Einmarsch sowjetischer Truppen im August 1968 auf die Rede des Papstes Johannes xxiii. zum Zweiten Vatikanischen Konzil. Über vierkanaliges Tonband, aus Lautsprechern, die im ganzen Raum verteilt sind. Das Orchester intoniert geschlossen einen einzigen Ton. Der Aufschrei: «Requiem!» Chöre von allen Seiten fordern uns zum Erinnern auf. Ein Sprecher ruft: «Die Grundrechte. Artikel eins. Erstens, Die Würde des Menschen ...» Ein anderer, lauter: «Das sozialistische System wird letzten Endes an die Stelle ...» Überblendet von Versen Majakowskis, vom Prediger Salomo: «Alles hat seine Stunde, und eine Zeit ist bestimmt für jedes Vorhaben unter dem Himmel.» «Isoldes Liebestod» von Richard Wagner, Orgelklänge, Mao Tse-tung, Hitler, Chamberlain, Albert Camus und Ezra Pound, alles neben- und übereinander. Das Orchester zum zweiten Mal, der Ton, ein Schrei: «Requiem!» Aus der Stille kommt die Frage: «worauf hoffen? es gibt nichts was zu erreichen wäre außer dem tod.» Ein Text von Konrad Beyer, als Fuge, trocken vorgelesen. Die Beatles mit «Hey Jude», eine Jazzband spielt uns live den Blues. Nichts darf fehlen. Auch nicht die Frage im Sportpalast, dieser Moment einer irrwitzigen, vollkommenen Hysterie: «Wollt ihr den totalen Krieg?» Das «Dona nobis pacem», das dazu klingt, bleibt uns wie ein Kloß im Halse stecken.

Tempovorschriften zeigen uns an, wie schnell es gehen soll. Largo, Lento, Adagio; Andante, Moderato, Allegretto; Allegro, Vivace, Presto; immer schneller wird die Fahrt. Lange Zeit waren sie ausreichend. Aber schon Beethoven wollte es genauer haben. Das Metronom kam ihm zu Hilfe. Die Komponisten begrüßen es, weil sie jetzt genauer über Geschwindigkeiten Auskunft geben können. Von 40 bis 200 Schlägen pro Minute reicht die Skala. 60 entspricht demnach dem Puls des Sekundenzeigers. In der Moderne werden diese Angaben immer wichtiger. Stockhausen geht so weit, ein absolutes Gefühl für Metronomzahlen zu entwickeln. Bei ihm findet sich durchaus die Vorschrift, die Viertel seien im Tempo 132,5 zu spielen. Wohl dem, der das kann.

Das Phänomen des Erinnerns ist seinem Wesen nach ein musikalisches. Ein Lied, ein Tonfall, eine Stimme, im selben Augenblick klingt es aus alter Zeit zu uns heran. Etwas dämmert aus der Vergangenheit herauf, das bereits gefühlt, gehört, gerochen, gesehen war. Leise, manchmal schwer greifbar, unscharf und schwach. Eine ganze Kette kommt in Bewegung. Wir fühlen uns zurückversetzt in eine andere Zeit. Unnachahmlich beschrieben von Marcel Proust in seinem Roman «Auf der Suche nach der verlorenen Zeit», wenn der Geschmack eines Biskuits, in eine Tasse Tee getaucht, eine ganze Welt aus dem Gestern wieder erstehen lässt. Ein vertrauter Klang kann durchaus und noch stärker die gleiche Wirkung haben.

Wie etwa im Violinkonzert von Alban Berg, dem Andenken eines Engels gewidmet. Im ersten Satz erscheint eine alte Kärntner Volksweise, sie klingt wie etwas längst Vergangenes. Was immer der Komponist mit ihr verband, die wehmütige Melodie greift uns ans Herz. Im zweiten Satz ein weiteres Erinnern. Die Klarinetten intonieren ganz leise, wie ein fernes Orgelregister den Bachschen Choral: «Es ist genug». Mit einem Schlag befinden wir uns an einem anderen Ort, in einer anderen Umgebung. Es ist wie eine Zeitreise. Musik kann das, unmittelbar, scheinbar im Handumdrehen.

Sie kann noch mehr. Verschiedenste Ereignisse gleichzeitig fassen. Erstaunlich ist dabei, dass wir sie nebeneinander wahrnehmen können, ohne die Übersicht zu verlieren. Dabei gibt es einen fundamentalen Unterschied zur Sprache. Ich jedenfalls bin nicht in der Lage, zwei Menschen gleichzeitig zuzuhören und sie dabei zu verstehen. Es macht mich ganz konfus, wenn ich es versuche, und am Schluss habe ich weder den einen noch den anderen verstanden. Mit Tönen ist das anders. Zwei oder drei Stimmen zu folgen, ist gar kein Problem. Je mehr, je besser. Große Ensembles sind ein Höhepunkt jeder Oper. Musik, so scheint es, gewinnt gerade dann ihren Sinn, wenn das, was zur gleichen Zeit erklingt, miteinander in Beziehung tritt, und sei es noch so verschieden.

Mozart hat es vorgemacht im «Don Giovanni», Finale erster Akt. Ein unbändiges Vergnügen. Drei Tanzkapellen spielen drei unterschiedliche Tänze, übereinander. Und passen doch zusammen. Das Menuett im 3/4-Takt, den Deutschen im 2/4 und den Bauerntanz im 3/8. Welch herrliches Durcheinander. Giovanni nutzt die unübersichtliche Situation, um sich an Zerlina ranzumachen. Ihr Aufschrei beendet, was ein genialer Geist ersann.

*E*s war im Haus von Anton Plate, dass ich zum ersten Mal eine Musik hörte, die mich buchstäblich aus dem Stuhl hob. Die Musik von Charles Edward Ives. Um ganz genau zu sein, handelte es sich um den zweiten Satz, «Putnam's Camp» aus seiner Orchestersuite «Three places in New England». Dieser Anfang hat es in sich. Gleich im zweiten Takt werden wir durch eine rhythmische Verschiebung regelrecht ausgehebelt. Während die kleine Trommel weiter tapfer den geraden Takt schlägt, hinkt der Rest des Orchesters um ein Achtel nach, bis im fünften Takt die Sache mit Gewalt wieder eingerenkt wird. Jetzt endlich kann der Marsch beginnen. Und der hat so viel Schwung und Spielfreude, dass es schwer fällt, ruhig sitzen zu bleiben. Zu diesem Zweck benutzt Ives beliebte Melodien, die über die Einwanderer nach Neu-England gelangt waren. Jeder kann sie ohne Mühe mitpfeifen. Sie klingen selbst für meine Ohren wie alte Bekannte. Sie bilden das Rückgrat seiner Musik, ständig kann man sie entdecken, bisweilen auch mehrere gleichzeitig. Der erwähnte Marsch bricht im Verlauf des Satzes dreimal über uns herein, wobei dem Komponisten unmittelbar vor seinem Eintritt die unglaublichsten Sachen einfallen, um den Hörer zu verwirren. Es scheint so, als hätte Ives eine geradezu diebische Freude daran gehabt, uns durch Verrückung des Schwerpunktes derart den Boden unter den Füßen wegzuziehen, dass wir froh und dankbar sind, mit dem alten Bekannten wieder sicheres Gelände zu betreten. Aber Vorsicht, selbst dieses scheinbar sichere Terrain ist oft durchsetzt mit frechen Kontrapunkten, mit leicht versetzten Schlägen der großen Trom-

Charles Edward Ives

mel, so als sei eine Kapelle in ständiger Gefahr, außer Tritt zu geraten.

Natürlich wollte ich unbedingt wissen, wer denn dieser Charles Edward Ives war, dessen Namen ich nie zuvor gehört hatte. Dabei stieß ich zunächst auf die äußerst bemerkenswerte Persönlichkeit seines Vaters. Er ist Bandleader in der amerikanischen Armee, laut Abraham Lincoln einer der besten, und nebenbei ein Erfinder und Erforscher für alles, was Musik betrifft. So lässt er seine Kinder Kanons im Halbtonabstand singen, bis die Nachbarn protestieren. Während eines Gewitters versucht er, den Klang des rollenden Donners auf dem Klavier zu imitieren, indem er die tiefsten Saiten nachhaltig verstimmt. Schließlich experimentiert er mit allen ihm verfügbaren Gläsern des Hauses so lange, bis es ihm gelingt, aus ihnen statt der üblichen Halbton- eine Art Vierteltonskala zu bilden.

Für sein größtes und wichtigstes Experiment begibt er sich mit seinem Sohn auf den Turm der Kirche am Marktplatz von Danbury in Connecticut. Wie verabredet treffen nun die Kapellen der umliegenden Dörfer ein, eine nach der anderen. Jede von ihnen hat ihren eigenen Klang, ihre eigene Melodie, ihr eigenes Tempo. Als Kennzeichen ihrer Unabhängigkeit, in ihrer jeweiligen Art unverwechselbar. In Reih und Glied aufgestellt, marschieren sie los, immer um den Marktplatz herum, Vater und Sohn im Zentrum des Geschehens, in bester Position, um alles gleichzeitig zu hören. Die verschiedenen Märsche fliegen ihnen um die Ohren, dass es eine Wonne ist. Welch ein wildes Durcheinander, welch herrliches Vergnügen. Ich kann es mir lebhaft vorstellen. Wie jeder Ton und jede Wendung, jeder Schritt und jeder Trommelschlag sein eigenes Leben führt, sein Recht einfordert, gehört zu werden. Wie es nebeneinander existieren kann, wie es zusammenfällt, wie es sich haarscharf verpasst und doch zusammenkommt in einem großen Ganzen.

Für den Sohn muss das ein überwältigendes Erlebnis gewesen sein. Vielleicht war es sogar der entscheidende Anstoß für seinen Entschluss, Komponist zu werden. In vielen seiner Stücke finden wir Spuren dieses Experimentes. Ich muss ehrlich bekennen, dass ich beim Dirigieren von einem solchen Durcheinander immer besonderen Spaß habe. Das ganze Orchester scheint wie losgelassen, jeder spielt gegen jeden, nur die Trompeten sind in der Lage, ihre Melodie gegen alle anderen durchzusetzen. Nirgendwo zeigt sich das so deutlich wie am Ende des oben erwähnten zweiten Satzes aus «Three places in New England». Ives bekundet hier mit Macht seine Vorliebe für musikalische Anarchie. Das sich überstürzende Chaos ist schwer zu überbieten und kulminiert schließlich in einem einzigen Aufschrei aller Instrumente. Erschöpft sinken wir zurück. Pause.

Dann folgt der dritte Satz. Hier zeigt sich seine Musik plötzlich von einer ganz anderen Seite. Dieses Mal inspiriert von einem romantischen Erlebnis, das er unbedingt in Klängen festhalten musste: ein Spaziergang mit seiner Verlobten Harmony Twichell an den Ufern des Housatonic River in Stockbridge/Massachusetts. Es ist ein friedlicher Sonntagmorgen, sie sind allein und wandern in die aufgehende Sonne hinein. Nebel hängt über dem Fluss. Da hören sie aus weiter Ferne ein Lied herüberwehen, das sie sehr bewegt. Sie folgen ihm, sie gehen ihm nach bis zu der Kirche, aus der es tönt. Ives komponiert den Nebel, indem er die hohen Streicher sich chromatisch umeinander winden lässt. Und zwar in Rhythmen, die kaum präzise auszuführen sind, sodass wie von selbst ein Ungefähres entsteht, etwas Ungreifbares. Ein erstaunlicher Einfall und sehr wirkungsvoll. Sein Vater wäre stolz auf ihn gewesen. Aus diesem undurchsichtigen Weben taucht in Hörnern und Bratschen das Kirchenlied auf. Es hat eine sehr einfache Melodie, die uns umso mehr anrührt, als sie sozusagen durch den Nebel dringt. Sie hebt mit weitem

Atem an. Nach der ersten Strophe verebbt sie zunächst, verschwindet im fein Gesponnenen. Dann wird sie stärker, von allen Streichern mit großem Ton vorgetragen, schwillt an, bis alle Nebelschwaden vertrieben sind, und mündet in eine gewaltige Steigerung, in der wiederum alle Stimmen des Orchesters sich ihren eigenen Weg des Ausdrucks suchen, bis Ives ihnen Einhalt gebietet auf einem letzten, lang ausgehaltenen Akkord. Das muss der Schluss sein. Ganz sicher. Doch nein, da klingt noch etwas, ganz leise, ein Nachhall, eine Erinnerung an den Anfang vielleicht, wir halten den Atem an, dann ist Stille. Ein verblüffender Effekt, den Ives oft eingesetzt hat. So, als sei mit einem letzten zusammenfassenden Gedanken eben nicht alles gesagt, als bliebe immer ein Rest, etwas Unausgesprochenes, das uns nachhängt.

Vergessen wir nicht, Ives erfindet diese unerhörten Dinge zu einer Zeit, als es in Europa noch nichts dergleichen gibt. Er studiert in Yale bei Lehrern, die eine europäische Tradition aus zweiter Hand weitergeben. Früh regt sich sein Widerstandsgeist. Er macht sich lustig über die veralteten Formen und Strukturen der Musik, die man ihn lehrt. Stattdessen komponiert er lieber einen Song für seine Universität, der ein regelrechter Hit wird: «The bells of Yale». Überhaupt entzündet sich sein musikalischer Erfindungsgeist eher am Alltäglichen als an der strengen Lehre seiner Professoren. Sei es der nächtliche Fackelzug der Studenten, sei es das traditionelle Footballspiel gegen die Mannschaft aus Princeton oder gar die Feuerwehrparade auf der Hauptstraße, all diese Ereignisse regen ihn dazu an, Musik zu schreiben. Im letzteren Fall versucht er, die hügelige und unebene Straße, über die der Festzug aufmarschiert, durch einen derart unregelmäßigen Rhythmus zu charakterisieren, dass es der Kapelle trotz größter Anstrengung einfach nicht gelingen kann, im Takt zu bleiben. Und das, obwohl der Gong, der an der Leiter des Feuerwehrwagens befestigt ist, zu Beginn eines jeden Taktes angeschlagen wird. Man sieht es lebhaft vor sich. Andere Stücke tragen Titel wie «Tone roads». Gemeint sind sehr holprige Straßen, auf denen die Farmer ihre Handkarren zum Marktplatz ziehen, natürlich aus verschiedenen Richtungen. Eine kompromisslose Musik, die sich nicht schert um irgendeine vordergründige Schönheit. Das Leben ist nicht so. Oder «Over the pavements»: Das ständig variierende Getrappel der Kutschpferde über die Pflastersteine vor seinem Fenster hat ihn dazu inspiriert. Dabei verwendet er überraschenderweise kein Schlagzeug, sondern außer einem Klavier ein paar Bläser, die sich größte Mühe geben, all die komplexen Rhythmen auszuführen, die Ives den Hufen der Vierbeiner abgelauscht hat. Das Beste daran ist der Schluss, eine Pointe, wie man sie selten trifft: Um-ta, Um-ta, Um-tata-ta-ta.

Natürlich schreibt Ives auch für großes Orchester. Allerdings enden die Proben für diese Stücke oft vorzeitig, in Aufruhr und mit wüsten Beschimpfungen für den Komponisten. Das hat durchaus seinen Grund. Denn der gute Charles kümmert sich bisweilen herzlich wenig um die praktischen Notwendigkeiten, zum Beispiel den Umfang eines Instrumentes oder die Spielbarkeit. Und das ist etwas, was ein klassisch ausgebildeter Musiker überhaupt nicht mag. Dazu kommt die Zumutung, Rhythmen zu spielen, die man in dieser Komplexität überhaupt noch nie angetroffen hat. Ives geht eben seinen eigenen Weg, wie er es sagt: «regardless of consequences».

Eine dieser Konsequenzen ist, dass er kaum Gelegenheit findet, seine Orchesterstücke auszuprobieren. Umso erstaunlicher sind die Ergebnisse. Zum Beispiel findet sich im Mittelteil seiner Robert Browning Ouvertüre ein Streichersatz von einer Schönheit, die ohne Vorbild ist. Die einzelnen Stimmgruppen sind jeweils noch weiter unterteilt, Geigen und Bratschen vielstimmig aufgefächert. Dadurch entsteht ein

Klang, der sich über das gesamte Spektrum entfalten kann. Ives schafft so Raum und Durchlässigkeit. Luft zum Atmen. Die Musik beginnt zu schweben. Er hat sie nachweislich kein einziges Mal gehört.

Wenn es überhaupt dazu kommt, dass eines seiner Werke aufgeführt wird, hagelt es Kritik von allen Seiten. Kaum jemand erkennt, was hier geschieht: Erstmals zeigt die amerikanische Musik so etwas wie eine eigene Identität, ein eigenes Gesicht. Kommt zu sich selbst, löst sich vom Einfluss des alten Kontinents, wird sich selbst bewusst. Ives muss sich früh damit abfinden, sein Brot nicht allein mit Musik zu verdienen. Er lernt einen ordentlichen Beruf und wird Versicherungskaufmann. Auch auf diesem Feld hat er Pionierarbeit geleistet. Er gilt als der Erfinder der Lebensversicherung. Das gute Geld, das er damit verdient, hat er zu großen Teilen seinen Freunden in der American Composers League zukommen lassen.

Als Leonard Bernstein in den fünfziger Jahren seine Vierte Symphonie in der Carnegie Hall aufführt und ihn zu dem Konzert einlädt, schickt Charles Ives stattdessen seine Frau. Er selbst bleibt zu Hause und hört die Radioübertragung auf einem billigen Rundfunkempfänger an, der in der Küche steht. Er ist zu sehr desillusioniert von einem Musikbetrieb, der ihn dreißig Jahre zuvor dazu veranlasst hat, ganz mit dem Komponieren aufzuhören. Welch ein Verlust für die Welt, denn das geschah keineswegs aus Einsicht, sondern aus Verbitterung über das völlige Unverständnis, das seiner Musik entgegengebracht wurde. Nachzulesen in den «Memos», seinen Aufzeichnungen. Dort nimmt er wahrhaftig kein Blatt vor den Mund in der Beurteilung seiner Umwelt.

Manch große Pläne hat er nicht verwirklicht, wie etwa die Universe-Symphony, deren Musik an vielen Orten gleichzeitig die unendliche Pulsierung des uns umgebenden Weltalls widerspiegeln sollte. Geblieben sind uns Stücke wie die

Holidays-Symphony, die jedem der vier großen Feiertage im amerikanischen Kalender einen Satz widmet. An «Washingtons birthday» feiert gleich ein ganzer Chor von Jewsharps (Maultrommeln) den Geburtstag des Präsidenten. Mit «Decoration day» (dem heutigen Memorial Day) folgt ein ruhiges und besinnliches Streicherstück, an dessen Ende erst ein übermütiger Marsch herausplatzt, ohne den es einfach nicht geht. In «The fourth of July» bricht vielleicht das größte organisierte Chaos über uns herein, das je ein Komponist aufs Papier gebracht hat. Uneingeschränkter kann man die Liebe zu seinem Heimatland und dessen Bekenntnis zur Freiheit wohl nicht dokumentieren. «Thanksgiving» bildet den überwältigenden Abschluss, da der Chor auf dem Höhepunkt wie eine riesige Gemeinde die Feiertags-Hymne anstimmt. Ich wünschte mir einmal eine Aufführung mit wahrhaft tausend Kehlen, um die enorme Kraft dieser Stelle adäquat umzusetzen.

Die Vierte Symphonie wird wohl sein opus summum bleiben: ein Riesenorchester inklusive großem Konzertflügel, Glocken aller Art, Orgel, Chor, die Bühne platzt aus allen Nähten. Dazu offstage bands, die von entfernten Positionen Klänge hinzufügen. Oft wird sie von mehreren Dirigenten geleitet, da die einzelne Gruppen zur gleichen Zeit verschiedene Taktarten und Tempi ausführen sollen. Ich persönlich halte nichts davon. Ives hätte von seinen Musikern erwartet, dass sie das auch ohne Hilfe schaffen. Im Übrigen ist es äußerst witzig, wenn sich ein Teil des Orchesters allein auf den Weg macht. Etwa im zweiten Satz, wenn alle Bläser und Klaviere auf einmal in grelle Fanfaren ausbrechen, während die Streicher im vorhergehenden Adagio fortfahren. Nachdem man sich in einem wilden Ragtime wieder gefunden hat, reißt die Musik ab. Übrig bleiben die Akkorde eines Chorals. Dann wieder großer Lärm und lautes Tosen. Ives wollte die Situation beschreiben, wenn man von einer lärmenden Straße in eine ruhige Kirche kommt. Wir hören eine ferne Hymne, die seit Generationen gespielt wird, darüber eine Geige mit einem Lied aus alter Zeit, darunter spielt ein Klavier, das um einen Viertelton verstimmt ist. Eine unglaubliche Stelle.

Im letzten Satz werden noch einmal alle Register gezogen, ein Instrument nach dem anderen tritt hinzu, eine große Schlusssteigerung bahnt sich an. Doch plötzlich wird es leise, die Orgel setzt ein, dann der Chor mit einem bewegenden Abgesang, der allmählich schwächer wird, bis er ganz verstummt. Fast scheint es so, als habe sich der Komponist hier für immer verabschiedet.

Es ist die Musik von Charles Ives gewesen, die mir die Tür zur Welt der Moderne geöffnet hat. Seine Unbekümmertheit, sein unkonventioneller Umgang mit der Tradition, sein Humor und doch tiefer Ernst, wenn es um existenzielle Fragen ging, haben mich direkt angesprochen. Ich spüre in seiner Musik eine Freiheit, die ich nur dort kenne. Einen wahrhaft spirituellen Ton, den ich nur dort höre. Und einen Aufruf an alle, die Musik lieben, ihre Grenzen nicht zu eng zu stecken. Denn ihre Welt ist unbegrenzt.

Meine erste Mahlersymphonie dirigierte ich in Wien. Es war die Fünfte. Mit dem mächtigen Trauermarsch am Anfang und seinen seligen Erinnerungen. Mit dem heftigen Ausbruch im zweiten Satz und seiner unzähmbaren Wut. Mit dem ausufernden Scherzo, das so schwer hinzukriegen ist. Dem Adagietto, dem berühmten Liebeslied. Und einem Finale, das in seinem Übermut kein Ende nehmen will. Ich erinnere mich gut. Nicht alles klappte. Nicht jeder Stein stand auf dem anderen. Bisweilen dachte ich, sie gerät mir völlig aus den Fugen. Ich war am Ende meiner Kraft. Aber sie hatte Erfolg. Weil sie oft am Rande des Scheiterns stand.

Gustav Mahler

Mahlers Musik muss man sich mit Haut und Haar verschreiben. Sonst fehlt etwas. Sie duldet keine Distanz, kein betrachtendes Zurücklehnen. Sie zieht uns ganz hinein, will all unsere Aufmerksamkeit, all unseren Sinn. Sie wagt sich an den gewaltigen Versuch, diese Welt, dieses verrückte Leben und all unsere Erfahrung davon in Töne zu fassen. Höchstes Glück, seligste Verzückung, Euphorie und Überschwang finden sich darin ebenso wie tiefstes Leid, brennender Schmerz, Wut und Verzweiflung. Beißender Humor, Sarkasmus, wilder Tanz, Aufbäumen, Nicht-mehr-weiter-Wissen, unendlicher Trost und friedliche, erlöste Ruhe. Nichts hält sie zurück. Alles will sie uns sagen. Nichts verheimlichen. Sie offenbart sich uns, wie keine Musik vor ihr. Mahler öffnet ihre Räume, steigt hinab in ihre Tiefen, erkundet ihre geheimsten Sphären. Er weitet sie von innen, dehnt ihre äußere Form. Bis an die Grenze ihrer Möglichkeiten, bis an den Rand ihrer Belastbarkeit, bis zur Erschöpfung.

Er ist ein Rastloser. Wo immer er wirkt, tut er es mit vollem Einsatz, unter Aufbietung seiner ganzen Kraft. Früh wird er Dirigent und Theaterleiter. Über Kassel und Prag, Leipzig und Budapest führt ihn sein Weg nach Hamburg und schließlich nach Wien an die Hofoper. Überall hinterlässt er die Spuren eines Besessenen. Stellt Bestehendes in Frage, Altbewährtes auf den Kopf. Setzt sich persönlich ein. Schont sich nicht. Für das Komponieren bleiben nur die Sommerferien. In völliger Abgeschiedenheit baut er seine Gegenwelt, die Welt seiner neun Symphonien, diesen riesigen Kosmos, den zu erschaffen anderen ein ganzes Leben nicht gereicht hätte.

Die Symphonie ist so alt wie die Sonate. Klaviersonate, Violinsonate, davon gibt es viele. Für einen allein oder zwei zusammen. Sie wird im häuslichen Ambiente vorgetragen, im Salon. Man ist unter sich. Die Symphonie dagegen ist für die Öffentlichkeit bestimmt, fürs große Publikum. Da muss ein ganzes Orchester her, es gilt zu repräsentieren. Die Form einer solchen Symphonie ist ursprünglich aus der Form der Sonate entstanden. Ich habe mich oft gefragt, was sie zusammenhält. Denn eigentlich besteht sie aus einer losen Folge von Sätzen, drei bis vier an der Zahl, Dauer etwa eine halbe Stunde. Doch schauen wir genauer hin.

Der erste Satz, der Kopfsatz, gilt als der wichtigste. Er ist nach der Sonatenhauptsatzform gestaltet, ein schreckliches Wort, das Menschen erfunden haben, die jede Musik gerne in einen Käfig sperren. Gemeint ist etwa Folgendes: Zwei Themen, zwei Gedanken werden vorgestellt, natürlich nacheinander. Sie heben sich deutlich voneinander ab, sind sehr verschieden. Wie zwei Personen, zwei belebte Wesen. Mit ihnen wird umgegangen. Das braucht seine Zeit. Diesen Teil nennt man Exposition, also ein Zur-Schau-Stellen. Sind wir über die Protagonisten im Bilde, wird die Sache interessant. Die Durchführung beginnt. In ihr prallen sie unmittelbar aufeinander, und zwar heftig. Ihre Melodien werden auseinander genommen, in ihre Einzelteile zerlegt, erklingen gleichzeitig, übereinander, gegeneinander, je nach Lust und Laune des Komponisten. Nach diesem Ausflug kehren wir zurück zum Ausgangspunkt, Reprise genannt. Die Wiederholung des bereits Bekannten. Es klingt wie zu Anfang, wir erinnern uns. Die beiden Kontrahenten haben sich ein wenig angenähert. Aber sie bleiben auf Abstand. Ihre Gegensätzlichkeit ist das Prinzip, nach dem die Form verläuft, die Spannung zwischen ihnen hält sie zusammen.

Die Sätze zwei und drei bilden das Herz, die Mitte jeder Symphonie. Der eine ist ruhig. Er klingt wie ein Lied. Ein Liebeslied vielleicht. Langsam und getragen. Er nimmt sich Zeit. Nach den Aufregungen des ersten Satzes tut das gut. Der andere ist ein Tanz. Im Dreiertakt. Als Menuett, als Ländler, als beschwingter Walzer. Auf jeden Fall belebt. Ein Satz, der in die Beine geht. Scherzo wird er genannt. Sein Charakter ist heiter. Im Trio, seinem Einschub, meist ein wenig verträumt.

Und das Ende? Da gibt es viele Möglichkeiten. Zum Beispiel den Rausschmeißer. In der Form eines Rondos, eines In-sich-Kreisens. Eine flotte Melodie, die ständig wiederkehrt, wie ein Ohrwurm, unterbrochen von kleinen Abschweifungen. Aber Achtung, gerade im Finale kann das Monster der Sonatenhauptsatzform wieder auftauchen. Um ein Gegengewicht zu schaffen zur Übermacht des ersten Satzes. Um ihn vielleicht noch zu überbieten. Auf jeden Fall, um die Balance zu halten zwischen Anfang und Ende der Symphonie. Damit sie mehr ist als eine Reihe von losen Teilen.

Das ist in etwa der Ausgangspunkt, das Schema. Die großen Komponisten wussten davon, hielten sich aber nicht immer daran. Denn Form ist nichts, was festliegt für alle Zeit, sie entsteht und bildet sich neu mit jeder geschriebenen Musik. Als sie am Ende des 19. Jahrhunderts bei Gustav Mahler ankommt, hat sie sich völlig verändert. Daran ist vor allem ein Komponist schuld: Ludwig van Beethoven. Er gibt seinen Symphonien Namen: Pastorale, Eroica, da steckt mehr drin als das Spiel mit einer Form. Ein anderer Anspruch, eine neue Behauptung schafft sich Raum. Es geht um Ideen, um Bekenntnisse. Sätze gehen ineinander über, ihre Reihenfolge wird vertauscht, bereits Gehörtes taucht in anderem Zusammenhang wieder auf. Und dann das Äußerste: In Beethovens Neunter intonieren Chor und Solisten die Ode an die Freude. Das hat es noch nicht gegeben. Dass gesungen wird. Dass es eine Botschaft gibt, die alle angeht. Die Symphonie wird von jetzt an zum Sprachrohr des Komponisten. Dort teilt er sein Wichtigstes mit.

Daran knüpft Mahler an. Seine Erste Symphonie entsteht in wenigen Monaten. Ihre Melodien entstammen den «Liedern eines fahrenden Gesellen». Eines Rastlosen, so wie er selbst, vom Leben hin und her geworfen. Unbändige Freude und tiefste Wehmut halten sich die Waage. Ein ständiges Auf und Ab. Mahler findet hier seinen unverwechselbaren Tonfall. Das Schwanken zwischen Dur und Moll. Die heftigen Ausbrüche. Das Grelle und Schreiende. Die Trauer. Die Leichtigkeit, der einfache Ton. Das Leise und Zarte, das grenzenlos Stille. Aus Liedern entsteht eigenständige Musik, die keine Worte mehr braucht, die ohne Text auskommt. Dies ist ein Neubeginn. In der großen Form orchestraler Musik entdeckt Mahler seine kompositorische Bestimmung. Sie lässt ihn nicht mehr los.

Schon der Anfang der Ersten ist bemerkenswert. Ein Klang entsteht aus dem Nichts. Der Ton A in mehreren Oktaven. Ein Feld wird abgesteckt, ein Raum entfaltet, in dem alles geschehen wird. Die Oboe durchwandert ihn bedächtig mit zwei fallenden Quarten. Trompetenfanfaren schallen aus der Ferne. Ankündigungen, die neugierig machen. Ganz allmählich, von unten herauf, gerät die Sache in Bewegung. Das Hauptthema ist ein direktes Zitat aus den «Liedern eines fahrenden Gesellen», *Ging heut morgen übers Feld*. Vorsichtig tastet sich die Musik hinein in die neue, ungewohnte Form. Gerade da sie in Fahrt gekommen ist, fällt sie zurück in den Klang des Anfangs, horcht und lauscht nach inneren Stimmen und fernen Fanfaren. Wir begegnen diesem Innehalten, diesem Besinnen in allen seinen Symphonien. Meistens ist es die Ruhe vor dem Sturm. Dieser Satz ist geprägt von einer gewissen Verhaltenheit, die erst gegen Ende, da die Musik ins Stocken gerät und auf der Stelle tritt, sich endlich Luft verschafft in einer befreienden Explosion und von da an bis zum Schluss nur noch vorwärts drängt und stürmt.

Der zweite Satz ist ein kräftiges Scherzo. Übertrieben abgezogen kommt das Kopfmotiv daher, das Thema wird mit erhobenem Schalltrichter über die Pulte geblasen, gestopfte Hörner lassen höhnisches Gelächter erklingen, der Ton ist überdreht, zuweilen grotesk. Im Trio wiegt sich der herrlichste Ländler, ja nicht zu eilen ist der dringende Wunsch des Komponisten.

Die Weise vom Lindenbaum bildet den Ruhepunkt im dritten Satz. Einfach wie eine Volksweise, so leise wie möglich, klingt sie herauf aus alter Zeit. Der fahrende Geselle hat es uns gesungen. Darum herum, vorher und nachher, schreitet eine düstere Collage aus «Frère Jacques» in Moll, aus weinenden Terzen und leiernder Jahrmarktsorgel.

Hier wird ein Erlebnis zu Musik, das Mahler besonders geprägt hat. Der Besuch eines Rummelplatzes mit all den Klängen, die er zu bieten hat, von Schießbuden und Kasperltheatern, von Militärkapellen und Männerchören, die «ohne Rücksicht aufeinander ein unglaubliches Musizieren vollführen». Das erinnert mich stark an das Vergnügen, welches Charles Ives empfunden haben muss, als er mit seinem Vater auf dem Kirchturm stand. Die Gleichzeitigkeit unterschiedlicher Klangquellen hat beide magisch angezogen. Mahler erklärt es uns:

*Hört ihr's? Das ist Polyphonie, und da hab' ich sie her! Schon
in der ersten Kindheit im Iglauer Wald hat mich das so eigen
bewegt und sich mir eingeprägt. Es ist gleichviel, ob es in sol-
chem Lärme oder im tausendfältigen Vogelgesang, im Heulen
des Sturmes, im Plätschern der Wellen oder im Knistern des
Feuers ertönt. Gerade so, von ganz verschiedenen Seiten her,
müssen die Themen kommen und so völlig unterschieden sein
in Rhythmik und Melodik.*

Gustav Mahler ist ein Meister dieser Art von Verschieden-
stimmigkeit. Besonders in den Durchführungen seiner Symphonien entfaltet er ihre ganze Pracht. Da tauchen die uns bekannten Melodien in jedweder Gestalt auf, springen uns an,
von überall. Dröhnen aus den Tiefen des Orchesters, pfeifen
in den höchsten Lagen über uns hinweg, werden verzerrt, ziehen Grimassen und fallen übereinander her, dass man seinen
Ohren nicht traut. Auf engstem Raum wird das Geschehen
zusammengeballt. Wir werden in einem Strudel mitgerissen,
aus dem es kein Entkommen gibt. Wie der Komponist dabei
die Fäden zusammenhalten kann, bleibt sein Geheimnis.

Mahlers Symphonien steuern auf ihren letzten Satz zu,
auf ihr Finale. In der Ersten attacca, das heißt unmittelbar anschließend. Eingeleitet durch einen mächtigen Beckenschlag
tobt sich das Orchester in wildester Leidenschaft aus. Da gibt
es viel aufgestaute Energie, die dringend abgelassen werden
muss. Auf dem Höhepunkt ertönen heftige, abgerissene Crescendi in den Bläsern, von kurzen Luftpausen unterbrochen.
Endlich ermattet, übernehmen die Geigen den erreichten Ton
und führen ihn in äußerster Zartheit hinüber in eine neue
Tonart, die geeigneter scheint, jene hinreißende Liebeserklärung abzugeben, die jetzt folgt. Sie wird nicht erwidert.
Über dem unbewegten Bass erklingen resignierend die fallenden Quarten des ersten Satzes. Dann tobt es wieder los. Es
hat sich noch nicht ausgewütet. Gewaltsam wird die Tonart

nach D-Dur zurückgebogen. Das Ziel scheint in Sicht, das Ersehnte erreicht. Doch weit gefehlt, der Kampf ist nicht vorbei. Der vorschnelle Jubel gerät ins Stocken. Wir finden uns unversehens an den Anfang der Symphonie zurückversetzt. Erinnerungen. Auch die hinreißende Liebeserklärung klingt noch einmal nach. Leere Momente. War alles umsonst? Ganz allmählich erholt sich die Musik, letztes Sammeln der Kräfte, letztes Aufbäumen. Rückgriff auf den ersten Satz, eine ganze Passage wird wörtlich wiederholt für den entscheidenden Anlauf. Diesmal gelingt der Durchbruch. Alle Hörner stehen auf und intonieren den Triumph, beginnend mit zwei fallenden Quarten. Mit überschwänglichen Hochrufen endet der Satz und die ganze Symphonie. Der Erfolg ist ihr sicher. Sie trägt den Titel «Der Titan», nach einem Roman von Jean Paul. Mahler ist später davon abgerückt. Unzweifelhaft bleibt, dass er Leben und Leiden eines «kraftvoll-heldenhaften Menschen» im Sinne hatte, als er sie schrieb.

Mehr oder minder gilt das für alle Symphonien, die noch folgen. Sein eigenes Ringen spiegelt sich in ihnen wider, bis zum Schluss. Alle großen Themen werden behandelt, alles, was ihn sein Leben lang bewegt. Der Glaube an die Auferstehung, die Liebe zur Natur. Gewaltig sind die Entwürfe für die Symphonien zwei und drei. Sie dauern weit über eine Stunde, dulden keine weitere Musik mehr neben sich. Chor und Solisten unterstreichen das Bekenntnishafte. Die Vierte ist merklich anders. In Umfang und Stil. Leicht und durchsichtig. An ihrem Ende steht ein Lied aus der Sammlung «Des Knaben Wunderhorn»:

Wir genießen die himmlischen Freuden,
Drum tun wir das Irdische meiden.
Kein weltlich Getümmel
Hört man nicht im Himmel!
Lebt alles in sanftester Ruh.

Ein lichter Sopran singt uns das, begleitet von himmlischen Klängen, die die Sängerin auf zarteste Weise begleiten sollen. Wenn zum Schluss hin die Harfe verklingt, spüren wir, dass sich der Komponist verabschiedet, verabschieden muss von einer Welt, die ihm doch so lieb geworden ist. Denn von nun an haben Lieder als Quelle und Ursprung seiner Musik ausgedient. Was jetzt folgt, löst sich endgültig vom innigen Ton. Es ist Zeit, erwachsen zu werden.

Die Eröffnungsgeste der Trompete in der Fünften Symphonie kündigt es unmissverständlich an: Mahler sprengt die Form der Symphonie immer weiter auf. Die Polyphonie erreicht einen Grad, an dem die Musik aus ihren Nähten platzt. Die einzelnen Stimmen des Orchesters agieren auf eine Weise gegeneinander, dass Einheit und Zusammenhalt aufs höchste gefährdet sind. Immer deutlicher wird die herausragende Bedeutung des Schlusssatzes. In der Sechsten dauert er allein eine halbe Stunde. Immer wieder wähnt man sich am Ende angekommen. Doch ein gewaltiger Hammerschlag zwingt die Musik jeweils auf eine neue Strecke. Bis zum Abgesang der Posaunen. Dur wird endgültig zu Moll. Der schicksalhafte Rhythmus ertönt ein letztes Mal. Erschöpfung. Ende. Was kann jetzt noch kommen?

Die Neunte entsteht im Jahre 1909. Es ist ein Schicksalsjahr, ein Wendepunkt. Der junge Arnold Schönberg ist dabei, in unbekannte musikalische Welten vorzustoßen. Mahler weiß, dass er nicht mehr lange zu leben hat, ahnt seinen Tod. Und schreibt zum Abschied eine Symphonie, von der man sagen wird, dass nach ihr keine mehr geschrieben werden kann. Er hat sie selbst nicht mehr gehört.

Im Kopfsatz trifft alles aufeinander, was bislang getrennt war: Liedaufbau, Rondoartiges und Sonatensatz. Über die Polyphonie der Stimmen hinaus eine Vielstimmigkeit der Formen. Eindeutigkeit gibt es nicht mehr. Man kennt sich nicht mehr aus. Auflösungserscheinungen. Das einleitende

Motiv ist mit «Leb wohl» überschrieben: zwei Töne, fallend, mit schwerem Auftakt, so wie man es sagt. Aus ihm entwickelt sich langsam eine leidenschaftliche Musik, in der noch einmal mit äußerster Heftigkeit die Liebe zum Leben besungen wird, ungehemmt, nicht enden wollend, glühend vor Schmerz. Leidenschaftlich überbieten sich die Stimmen, um gehört zu werden. Dazwischen Schattenhaftes, Düsteres, Vorahnungen, die sich nur allmählich erholen, zurück zu innigem, liebevollem Abschiednehmen. Der Satz klingt lange aus, immer wieder tönt es «Leb wohl», bis ein leeres, einsames D übrig bleibt.

Es folgt das Scherzo. Etwas täppisch und sehr derb beginnt es. Eifrig wird gefiedelt, «Bald gras ich am Neckar, bald gras ich am Rhein» tönt es in den Bläsern, bruchstückhaft. Dann wechselt das Tempo, ein ungestümer Walzer bricht los. Mit wehenden Haaren fliegen die Paare dahin. Aufgespielt wird. Zupackend ist die Musik. Aber da, ein Innehalten, Erinnerungen an den schönsten Tanz, den langsamen Ländler. Ganz nah, und doch so fern. Er währt nicht lange. Bald wird das Tempo wieder angezogen, die Tänze wollen alle noch einmal getanzt sein, ein letztes Mal. Der Walzer überdreht, wird abrupt gestoppt. Im anfänglich Gemächlichen verebbt der Tanz. Wir entfernen uns. Es war einmal.

Wir warten auf den langsamen Satz. Den Ruhepunkt. Da fährt ein Rondo dazwischen. Stürmisch und trotzig fegt es dahin. Die Stimmen überschlagen sich, fallen sich ins Wort, wollen sich eine Nase drehen. Galgenhumor kommt auf, eine gewisse «grimmige Lustigkeit». Zwischendurch tönt es wie in der Operette, schlagerartig. Dann eine Lichtung, freie Sicht und Durchatmen. Um sich im nächsten Moment erneut hinabzustürzen, sich beschleunigend, als ob es kein Halten mehr gäbe.

Der Abgesang. Tatsächlich, das Adagio steht am Ende der Symphonie. Das ist das letzte Wort. Deutlicher kann man es nicht sagen. Noch einmal tief Luft holen für eine große Melodie. Die Streicher geben alles. Immer und immer wieder erklingt sie. Die Bläser werden mitgerissen. Doch die Kraft lässt nach. Ein letzter sehnender Aufschwung. Dann beginnen die Stimmen zu verrinnen. Allmähliches Verstummen. Das Leben ist gelebt, der Wille ist gebrochen. Musik löst sich auf ins Nichts. Macht Platz für das, was kommen wird. Offen nach vorn, offen zum Morgen hin. Als eine Brücke in die Zukunft.

Um zu begreifen, was Farbe ist, was sie bedeutet, reicht es, für einen Augenblick die Augen zu schließen und sich vorzustellen, nichts anderes als Töne zwischen Schwarz und Weiß zu sehen. Es wäre sehr gräulich, ja trostlos, wenn man es recht bedenkt. Es wirkte wie die Kehrseite des Lebens, wie ihr Schattenspiel. Es gäbe nur hell und dunkel, nur Form, nur Umriss, nur Abbild. Nicht das Original, nicht das pralle

Farbe

Leben, das sich in nichts mehr ausdrücken kann als in einer Farbenpracht. Ein Blick in die Natur genügt. Nirgendwo findet man so viel von ihr, nirgendwo ist ihre Palette größer, verschwenderischer. Sinnbild des Blühens und der Freude, Sinnbild überschäumender Kraft.

Es ist nur ein kleiner Ausschnitt aus dem riesigen Angebot von elektronischen Wellen, den wir über das Auge als Farbe wahrnehmen. Und dennoch ein Kosmos, unermesslich reich. Der Regenbogen ist sein himmlisches Zeichen.

Wie kommt die Farbe in die Musik? Können wir sie tatsächlich hören? Blau und rot und gelb und grün? Darüber wird man streiten dürfen. Fest steht aber, dass es eine Wirkung geben muss, die der ihren nahe kommt, sonst würden wir nicht davon sprechen. Farbe ist Schwingung, wir reagieren auf sie. Da gibt es eine geheime Verbindung zum schwingenden Ton. Beide finden Widerhall in uns, finden Resonanz. Das ist entscheidend. Sprache verrät etwas darüber. Um ganz genau zu sein, bestimmen wir den FARBTON. Instrumente werde nach ihrer KLANGFARBE unterschieden.

Die Farbe im Ton entsteht durch die Obertonreihe. Je nach dem, wie sie beschaffen ist, wirkt er eher scharf und hell oder rund und dunkel. Je nach dem, welches ihrer Spektren besonders angesprochen wird, verändert sich der Eindruck, den er macht. Je mehr mitschwingt, desto reicher seine Farbe, je größer die Resonanz in allen Bereichen, desto voller sein Klang.

Ich liebe die hohen Töne, die Welt der oberen Oktaven und der lichten Farben. Zum Beispiel im Vorspiel von Richard Wagners «Lohengrin»: wie es beginnt mit diesem gleißend klaren Streicherklang, blau wie der Himmel an einem wolkenlosen Tag. A-Dur ist für mich die Tonart des ungetrübten Glücks und unserer Sehnsucht danach. Wie es allmählich hinabsteigt durch alle Schichten des Orchesters, voller und wärmer wird, irdischer, sich unserem Leben nähert, in ihm zur Ruhe kommt, bevor der erreichte Ton emporgehoben wird, zurück zum Anfangsklang, der schwebend stehen bleibt, im Glanz höherer Sphären. Einmalig.

Mein wunderbarer Lehrer Bernhard Ebert hielt das Klavier für das außergewöhnlichste aller Instrumente. Er liebte es heiß und innig. Denn es könne alle instrumentalen Farben vorstellbar machen, ohne nur eine davon selbst darzustellen. Der Klang des Klaviers sei wie ein Schwarz-Weiß-Foto. Alle Farben seien gegenwärtig, aber keine davon wirklich zu sehen. Einfach fantastisch! Es ginge also darum, durch das Spiel in der Wahrnehmung des Hörers all die Farben hervorzurufen, die eigentlich gar nicht vorhanden seien. Es ginge um die Kunst der Imagination. Das sei die schwierigste und die herausragendste aller Künste. Darum solle man sich ganz dem Klavierspiel verschreiben. So seine Worte. Er hat sich daran gehalten.

Lange Zeit wurde nur am Klavier komponiert. Weil es das abstrakteste der Instrumente ist, im besten Sinne farblos. Es ging darum, die reine Idee zu fassen, die bloße Struktur. Die Bleistiftskizze. Wenn die Musik erfunden war, wurden die Farbstifte herausgeholt. Dann wurde angemalt, hervorgehoben, koloriert. Sozusagen Make-up aufgetragen, um die vorhandene Schönheit noch zu unterstreichen. Instrumentieren nennt man das: das Übertragen der musikalischen Gedanken auf die Instrumente des Orchesters. Eine hohe Kunst. Dicke Bücher sind darüber geschrieben worden. Damit der Komponist weiß, welche instrumentalen Farben besonders gut zusammenpassen.

Grundlage des Orchesterklangs sind die Streicher. Weil sie in sich eine einheitliche Familie bilden. Sie decken den gesamten Tonraum ab, von den höchsten Lagen auf der Geige bis zum tiefsten C im Kontrabass. Darin ähneln sie dem Klavier. Darum tragen sie meist die Hauptlast der Musik. Sie sind aus Holz gemacht. Ihr Ton ist strömend und voller Wärme. Ihr Klang hat Raum. Umso mehr, da es viele sind. Die Streicher bilden die Seele des Orchesters. Die Holzbläser verkörpern seine Launen, den Charakter. Die Flöte luftig und zart, die Oboe schneidend und voller Intensität, die Klarinette weich und schmeichelnd, das Fagott schnarrend, aber auch unnachahmlich klagend in der Höhe. Individualisten allemal, empfindlich und kostbar. Das Blech ist da aus anderem Holz geschnitzt. Strahlend die Trompeten, voller Energie, bedrohlich die Posaunen, aber auch grotesk mit ihrer Fähigkeit zum Glissando. Die Tuba grundiert den Klang in der Tiefe. Die Hörner, meistens zu viert, wirken verbindend. Sie gehören beiden Lagern zu, können mit beiden gut. Können geschmeidig sein, aber auch laut auftrumpfen. Die Pauke sitzt dem Dirigenten gegenüber. Sie setzt Akzente, sorgt für Zusammenhalt. Das Becken schafft Zäsuren.

Dies sind die Grundfarben und waren es für lange Zeit. Brahms und Bruckner kamen noch gut mit ihnen aus. Mit Richard Strauss und Maurice Ravel ändert sich das. Der Orchesterklang befreit sich und macht sich selbstständig. Wird Träger des Geschehens, entwickelt Lust an der eigenen Stärke, will nicht länger nur Diener sein. Fantastische Geschichten werden erzählt, mit schillernden Stimmungen und farbenprächtigen Szenerien. Das Innere nach außen gekehrt. Dazu gehört, dass die Palette größer wird. Bassklarinette und Englischhorn erweitern die tiefen Register, das Kontrafagott macht der Tuba Konkurrenz. Piccoloflöte und hohe Es-Klarinette beleben die Höhe, schärfen sie an. Altflöte, Heckelphon und Kontrabassklarinette sind weitere Exoten. Und natürlich das anwachsende Schlagzeug, weit über Tamburin und Triangel hinaus. Farbe bekommt ihren Eigenwert. Man schwelgt in ihr, lässt sich begeistern.

Zum Beispiel «Daphnis und Chloé» von Maurice Ravel. Da rauschen uns die Orchesterklänge um die Ohren, es glitzert und funkelt in einem fort, ein Instrument fließt in das andere, in wechselnden Verbindungen, in immer neuen Mischungen. Gleißende Kaskaden, grelles weißes Licht, dunkles Weben im Untergrund, aufpeitschende Akzente, sanftes Säuseln, alles kommt vor, verschwindet ebenso schnell, wie es gekommen ist. Es gleicht einem Feuerwerk, Raketen werden gezündet, in die Dunkelheit hinein zerstieben die Funken in alle Richtungen. Farben glühen auf und blenden die Sinne. Feuer fällt vom Himmel und verglüht.

Chroma (altgriechisch): die Farbe. Eine chromatische Tonleiter besteht nur aus Halbtonschritten. Sie gibt keine Tonart an, sie ist nur Effekt, Stimmung, Farbenspiel. Wird demzufolge immer dann eingesetzt, wenn es darum geht, Atmosphäre zu schaffen. Wie zum Beispiel in der Oper «Wozzeck» von

Alban Berg. Hauptmann und Doktor wundern sich über ein merkwürdiges Stöhnen, das Singen hat aufgehört, es wird nur mehr gesprochen. Im Orchester laufen chromatische Linien von unten nach oben, mit und ohne Dämpfer, am Steg, auf dem Griffbrett, mit der Bogenstange gespielt. Die Musik spiegelt die Bewegung des Wassers, die Stille, die unheimliche Stimmung nach dem Ertrinken Wozzecks. Sie ist ohne Halt, ohne Kontur, nur noch ein Umherirren, ein Sichverlieren in den Farben der Nacht.

Es gibt tatsächlich eine Musik, die nur aus solchen Chromatismen besteht. Sie war eine Sensation, als sie zum ersten Mal erklang. Und heißt ganz einfach: «Atmosphères». Der ungarische Komponist Györgi Ligeti hat sie 1961 geschrieben. Die Partitur ist riesig. Jeder, absolut jeder Spieler im Orchester hat eine eigene Stimme. Die Stimmen sind im Halbtonabstand gegeneinander gesetzt, sodass sich der Klang des Orchesters wie ein riesiger Cluster verschiebt. Es gibt keine Melodien, keine Themen, nichts, was in irgendeiner Weise hervortreten dürfte. Jeder Ton ist Bestandteil eines komplexen Klanggewebes, das sich in ständiger Bewegung befindet. Es schillert, verdünnt sich, bläst sich auf wie eine gewaltige Orgel. Es beschreibt Atmosphären, schwer Greifbares, in sich Kreisendes, sich Vermischendes. Kleinste Veränderungen werden sofort wahrgenommen, denn die Musik besteht aus nichts als Klang, aus Klang, der stets in andere Farben getaucht wird.

*I*ch begegnete seiner Musik zunächst am Klavier. In einer versunkenen Kathedrale, in toten Blättern, in Spiegelungen. In flüchtigen Bildern, in zarten, verschwommenen Linien, in Düften, in Wolken, in Luft. Ich hatte das Gefühl, etwas Zerbrechliches zu berühren. Wollte behutsam sein. Es stellte sich ein Schweben ein, ein Wehen im Wind. Ich staunte über die Folge seiner Harmonien, wusste nicht, was sie zusammen-

Claude Debussy

hielt. Bewunderte den freien Atem, die Sicherheit im Ungefähren, die Beweglichkeit seiner Melodien. Es kam mir wie ein Rätsel vor, wie ein tiefes Geheimnis, in Tönen geborgen.

Man hat ihn einen Impressionisten genannt. Das war damals ein Schimpfwort, gegen die moderne Malerei eines Claude Monet gerichtet. Claude Debussy ist kein Impressionist, keiner, der Stimmungen illustriert wie in einer besseren Filmmusik. Seine Bilder sind genauer, als uns das Wort von der «Impression» vorgeben mag. Seine Beobachtungen sind präziser, sein Sinn für Umrisse und klare Formen wacher, als dass er sich mit Unschärfen zufrieden geben würde. Es gibt eben einen Unterschied zwischen Ursache und Wirkung. Nur eine Musik, die bis in ihre feinsten Verästelungen ausge-arbeitet, die in all ihren Nuancen ausgehört ist, kann in uns einen Eindruck des Vorübergehenden, des Flüchtigen her-vorrufen. Denn jeder erfüllte Augenblick, den wir erleben, wird erst zu einem solchen durch die Genauigkeit der Wahr-nehmung, durch die Echtheit der Empfindung und durch das Bewusstsein für seine Vergänglichkeit. Debussy führt uns hellwach durch seine Welt, durch ihre Gegenwart. Wir dürfen sie durchstreifen wie ein Traumwandler die Nacht.

Er wird 1862 in eine kleinbürgerliche Familie hineingeboren. Nichts deutet darauf hin, dass er zu einem außergewöhnlichen Künstler bestimmt ist. Immerhin versucht er, gehörte Militärmärsche auf einem alten Klavier nachzuspielen. Schließlich erhält er Unterricht bei Madame Mauté de Fleurville, die noch eine Schülerin Frédéric Chopins gewesen ist. Seine Begabung entwickelt sich rasch. Mit elf Jahren tritt er ins Pariser Konservatorium ein. Er ist kein besonderer Pianist, fällt aber durch glänzendes Blattspiel und kühne Improvisationen auf, zur Freude seiner Mitschüler. Zum Ärger seiner Lehrer verachtet er die Trockenübungen in Harmonielehre und Kontrapunkt. Er sucht früh nach einer eigenen Sprache und eckt gehörig an mit seinen ungewöhnlichen Akkordfolgen. Trotzdem wird ihm 1884 der Rompreis zugesprochen. Den Aufenthalt in der ewigen Stadt empfindet er allerdings als Strafe, die dort entstandenen Stücke überleben nicht. Das Urteil über ihn fällt wenig günstig aus: «Herr Debussy scheint von dem Wunsch besessen zu sein, eine bizarre, unverständliche und unausführbare Musik zu schreiben.»

Zurück in Paris stößt er zum Kreis um den großen symbolistischen Dichter Stéphane Mallarmé. Er wird kurzzeitig zum glühenden Wagnerverehrer. Auf der Pariser Weltausstellung macht das javanische Theater mit den exotischen Klängen seines Gamelanorchesters einen derart nachhaltigen Eindruck auf ihn, dass wir dessen Einfluss gar nicht hoch genug einschätzen können. Er wendet sich von Wagner ab. Und dann entsteht jenes Stück, das ihn mit einem Schlage zu einem Unverwechselbaren macht: Das «Prélude à l'après-midi d'un faune». In Form und Klanglichkeit von einer Eigenständigkeit, die frappierend ist. Hier erwacht die Stimme einer wahrhaft neuen Musik.

Entlang der Verse Stéphane Mallarmés entwickelt sie eine sehr freie Illustration der Sehnsucht und der Träume eines Fauns in der Hitze des Nachmittags. Mallarmés Dichtung folgt der Melodie seiner Worte und keiner vorgegebenen Grammatik. Debussys Musik spürt ihrem eigenen Klang nach, eine Form bildet sich auf dem Weg, im Aneinanderreihen. Sie bleibt in jedem Moment offen für das Zukünftige, das sie selbst noch nicht kennt. Sie ähnelt in ihrem Zusammenhang dem losen Band von Bildern aus dem Unterbewussten.

Der schwebende Ton der Flöte steht am besten dafür ein. Sie eröffnet und beschließt das Stück. Ihre Melodie erklingt zunächst unbegleitet, zart und ausdrucksvoll. Im Französischen ist das kein Widerspruch. In zwei Wellen gleitet sie hinab und wieder hinauf, bevor sie in weit ausholender Geste andere Instrumente einlädt, mitzutun. Das Horn lässt sich ein, begleitet von luftigen Akkorden der Streicher. Das Glissando der Harfe weht wie ein sanfter Wind dazu. Beim zweiten Mal ist die Flöte nicht mehr allein. Der Klang blüht auf, heftige Gefühle drängen sich vor … Aber nein, es ist noch Zeit. Genüsslich bläst der Faun weiter auf seiner Flöte, verspielt und launisch. Mit dem Einsatz der Klarinette belebt sich das Stück. Jetzt eine kleine Jagd auf Nymphen und Najaden, das wäre es doch. Die Oboe übernimmt, dann die Geigen, hin und her wogt das Motiv, immer aufregender wird die Verfolgung … Doch schließlich ist der Faun es leid, lehnt sich zurück und gibt sich seinen Träumen hin. Sehnsüchtig tönt es, so selbstverliebt, so schön, dass es nicht aufhören kann, bis es sich auflöst in Harfenklängen. Rückkehr an den Anfang, unterbrochen von kleinen Neckereien. Die hellen Glockenklänge der Cymbales Antiques läuten den Schluss ein. In wohligem Erinnern, erfüllt von der allumfassenden Natur, schläft er ein.

Das kleine Stück macht solchen Eindruck, dass es bei seiner Uraufführung sofort wiederholt werden muss. Debussy, ermutigt, setzt fort mit den drei «Nocturnes». Der schwülen

Atmosphäre eines Nachmittags folgen Eindrücke und Lichtvorstellungen der Nacht.

Nuages: das ist der Anblick eines eintönigen Himmels, über den langsam und melancholisch die Wolken ziehen und in einem Grau ersterben, in das sich zarte weiße Töne mischen.

In den zäh dahinfließenden Streichersatz hinein erhebt sich die einsame Stimme eines Englischhorns. Es schwebt darin, weil es in einem anderen Metrum gehalten ist. So wirkt seine Melodie frei und ungebunden, ähnlich wie die der Flöte im «Nachmittag eines Fauns».

Fêtes: das ist die tanzende Bewegung, der tanzende Rhythmus der Atmosphäre, von grellen Lichtblitzen jählings erhellt; das ist aber auch die Episode eines Aufzugs, der sich dem Fest nähert und sich in ihm verliert.

In schnellem Puls und flüchtigen Bläserfiguren ergeht sich das Fest. Dreiteilig ist der Rhythmus, die Motive fliegen, bewegte Unruhe überall. Dann erkennen wir in der Ferne die Klänge einer Prozession. Kleine Trommeln und Trompeten führen sie an. Unerbittlich ist ihr Schritt, sie wird lauter und lauter, wird zum Albtraum, der uns die Ohren betäubt, bis wir plötzlich erwachen, als sei nichts geschehen, uns erleichtert wiederfinden in den heiteren Triolen des Festes, die sich auf leisen Sohlen davonstehlen.

Sirènes: das ist das Meer und seine Bewegung in unzählbaren Rhythmen; dann tönt über die Wellen, auf denen das Mondlicht flimmert, der geheimnisvolle Sang der Sirenen, lacht auf und stirbt.

Der sprichwörtliche Gesang der Sirenen wird hier zum Ereignis. Sehnsuchtsvoller können Frauenstimmen nicht klingen. In die feinen Netze des Orchesters verwoben, entfalten sie all ihre verführerische Kraft. Hin und her geworfen vom

Spiel der Wellen tauchen sie auf und verschwinden wieder. Ihre Bewegung ist fließend, ihr Rhythmus schwebend, ihr Klang betörend schön. Wenn sie doch immer sängen!

Das Wasser hat Debussy von Anfang an fasziniert. Schon als Kind macht der Anblick des Meeres auf ihn einen nachhaltigen Eindruck. Die ständig sich ändernde Oberfläche, die unzähligen Wellen und die Arten ihrer Bewegung, ihr geheimnisvolles Zusammenspiel, das sich in keinem Augenblick erkennen oder festhalten ließe, halten ihn in Bann. Er hat ihnen in «La Mer» ein bleibendes Denkmal gesetzt. Er schaut ihnen zu, er beobachtet sie und empfängt durch sie vielleicht die entscheidende Anregung für den Kern, für das Wesen seiner musikalischen Idee. Denn diese Bewegungen könnten Sinnbild sein für das erstrebte Ideal einer fließenden Form, die sich jeweils aus dem Moment heraus neu erfindet und bestimmt. Die wirken soll wie eine Improvisation, deren Zukünftiges noch offen ist und nicht erwartet werden kann. Die im Innern höchst flexibel reagiert und dabei nach außen sich fügt zu einem harmonischen Ganzen, wie von selbst, wie von geheimer Hand geführt.

Auch ist das Wasser ein durchsichtiges Element. Es vermittelt Reinheit und Frische, verspricht Wohlbefinden. Der Himmel spiegelt sich darin und das eigene Bild, wenn man hinunterschaut. Dort weitet sich ein Raum, verbirgt sich eine Tiefe. Was auch passiert, sie liegt darunter, bedeutungsvoll und schweigend. Ihr Abgrund klingt immer mit. Ein Drahtseilakt.

Um die Balance zu halten, müssen verschiedene Gewichte austariert werden. Debussy meidet jede Art von Hierarchie. Die Reihenfolge seiner Harmonien legt er nach klanglichen Gesichtspunkten fest. Die alte Grammatik interessiert ihn nicht mehr. Verbindungen, die früher undenkbar waren, werden eingegangen, weil sie ein freies Spiel der Kräfte ermöglichen. Dissonanzen bleiben unaufgelöst und behaupten sich als eigenständige Größe. Werden parallel verschoben, transponiert und umgekehrt. Die Akkorde selbst sind keineswegs ungewöhnlich. Die meisten von ihnen kennen wir schon. Es ist ihr Nacheinander, das uns so neu vorkommt. Ihre Ungebundenheit. Sie fassen keine fertigen Sätze ein, sie streifen Gedanken, Ahnungen und Gefühle. Sie sind Teil eines Klangspiels, das neuen Gesetzen folgt. Geheimen Gesetzen, die der Komponist der Natur abgelauscht hat. Die er uns nicht verrät, vielleicht, weil er sie nicht kannte, vielleicht, weil er sie nicht kennen wollte. Er war ein sanfter Revolutionär. Nach einem berühmten Wort von Pierre Boulez wollte er seine Revolution erst träumen, bevor sie durchzuführen war.

Das führt ihn zu fantastischen Bildern, zu den «Images», denen er ein Triptychon gewidmet hat. Es ist sein umfänglichstes Orchesterwerk. Es beginnt mit «Gigues». Zunächst ein Ton, nichts weiter. Die Flöte führt ihn behutsam hinunter, von C auf As. Wir halten inne auf einem übermäßigen Akkord. Er ist das Symbol für Offenheit nach allen Seiten: zwei große Terzen übereinander, eine dritte würde uns zum Ausgangspunkt zurückführen. Er birgt eine Symmetrie, die keine Richtung hat. Alles ist möglich. Neuer Anlauf. Hinab von B nach Ges. Zwei große Sekunden, ein ähnlicher Effekt. In der Schwebe gehalten, untermalt vom hellen Rauschen eines aufgehängten Beckens.

In dies Schweben hinein klagt die Oboe d'amore. Eine traurige Weise bläst sie uns in wiegendem Metrum, traumverloren. Dann tritt der Tanz hervor, von dem der Titel spricht. Das Fagott spielt zu ihm auf in dem Rhythmus, der für eine Gigue typisch ist und der von nun an den ganzen Satz bestimmt: punktiert, kurzlang, kurzlang. Manchmal drängt er sich vor, manchmal hält er sich zurück, um anderes durchzulassen. Die Oboe singt weiter ihr melancholisches Lied, mitten hinein, die Streicher blühen auf mit weit gespannter Kantilene, sie wollen hoch hinaus und immer höher ... Ein Riss, ein gleißend heller Klang durch Piccolo und Becken, der hinabstürzt bis ins Kontrafagott. Das schöne Bild zerplatzt wie eine Seifenblase, grau ist die Farbe des Augenblicks, tropfend das Xylophon. Wir sind zurück auf dem Boden der Tatsachen. Die Klage verrinnt, der Rhythmus zerdehnt sich. Am Schluss bleibt eine große Terz, zum Ton des Anfangs hat sich ein zweiter dazugesellt, immerhin. Ohne Zweifel ist dieses eins der schönsten Stücke, die Debussy geschrieben hat. Es wird viel zu selten gespielt.

Das Weitere ist schnell berichtet. «Ibéria» heißt der ausgewachsene Mittelteil. Er erzählt von Spanien, von seinem bunten Straßenleben, von den Düften der Nacht und vom Morgen eines Festes. Herrlich leicht fliegen die Rhythmen, stolz ist der Ton und farbenreich, virtuos die Behandlung des Orchesters. Besonders eindrucksvoll gelingt der langsame Teil, in dem in ungreifbaren, leisen Klängen die Atmosphäre einer Sommernacht eingefangen ist, mit ihren Gerüchen, ihren Hoffnungen, ihren unausgesprochenen Sehnsüchten. Hie und da brechen sie aus, ungestillt und bang. Der Übergang in den dritten Teil verdient besondere Erwähnung. Wie da ein Stück Musik in ein anderes hinübergeführt wird, gleicht einer filmischen Überblendung, die um so erstaunlicher ist, da der Film zu dieser Zeit noch in den Kinderschuhen steckt. Erinnerungen hallen nach, Vorausahnungen tönen von weitem. Während das Bekannte in der Ferne verklingt, taucht das Neue in ebendieser auf. Das geschieht am Rande des Hörbaren, kaum wahrzunehmen. Erst langsam wird das Bild schärfer, werden die Umrisse deutlicher, bis schließlich die Geigen im lebhaften Pizzicato, wie ein Meer von Gitarren, zum Fest aufspielen. Debussy nimmt sich viel Zeit für diesen Übergang. Aus Nacht wird Tag, aus dunklem Schatten hellstes Licht. Die «Rondes de printemps» wirken danach wie ein fröhlicher Kehraus. Einem Volkslied an den Mai nachempfunden, drehen sie sich heiter und ein wenig harmlos im Kreis.

Als sie sich heimlich davonmachen wollen, endet das Stück mit knapper, kräftiger Geste.

Debussys Partituren sind eine Augenweide. Wer einen Blick dafür hat, werfe ihn unbedingt hinein. Das Bild, das sich ihm bietet, ist von bestechender Eleganz und Schönheit. Sie gehören zu jener seltenen Art, die man bisweilen lieber liest, ganz still für sich, als ihnen zuzuhören. Und wenn man sich ganz in sie versenkt, erkennt man, dass alle Instrumente sich gleichberechtigt am Fortgang der Musik beteiligen: dort gibt es keine Haupt- und Nebenstimmen. Alles ist wichtig, alles bewegt den Fluss, gibt Impulse, taucht auf und hinunter, bildet Flächen, verbündet sich, um sich zu lösen, schwelgt, blüht, verklingt, hebt an, verstummt. Und Farben überall: die Streicher, die Harfen, Celesta, Triangel und Becken, Xylophon und Tamburin, Hörner, Trompeten, das Holz. In immer neuen Mischungen verknüpfen sich die Klänge. Niemand sticht hervor, keiner bleibt unbeteiligt. Nur Posaunen und die Pauke halten sich zurück. In großer Ökonomie entfaltet sich das Spiel.

Ich spreche von «Jeux», dem Meisterwerk der späten Jahre. Hier erreicht Debussy den Gipfel seiner Orchesterkunst. Die Instrumentation ist Teil der Erfindung, Teil der Form. Hier wird nicht koloriert, was schon vorausgedacht, hier wird nicht ausgemalt, was in Umrissen schon vorhanden ist. Die Farbigkeit spielt mit, von Anfang an. Am Rande eines Tennisplatzes trifft ein junger Mann zwei Mädchen, tanzt erst mit der einen, küsst sie, ist entflammt, wird dann von der anderen zum Tanz verführt. Das alte Lied der Eifersucht. Die Mädchen trösten sich. In der Schönheit der Nacht, im funkelnden Licht tanzen und lieben sie schließlich zu dritt. Ein Tennisball fällt zwischen sie, sie stieben auseinander und verschwinden in der Dunkelheit.

Dieses Sujet mit seiner Mischung aus Spiel, Verführung und Leidenschaft inspiriert Debussy. Auch der plötzliche

Schluss. Der höchsten Ekstase des dreifachen Kusses folgt die schnelle Ernüchterung. Die Musik, die eben noch so voller Glut und Feuer war, entgleitet und verfliegt. Zwei Wochen vor Igor Strawinskys «Sacre du printemps» uraufgeführt, gerät das Stück ziemlich schnell in Vergessenheit. Die feine, unaufdringliche Art, die hohe Raffinesse hat keine Chance gegen den Aufruhr, den Strawinsky entfacht. Die Freiheit jedes Augenblicks, die Form, die noch nicht ist, die erst entsteht, wird nicht erkannt und unterliegt. Die abgestufte Farbigkeit wird nicht gesehen. Es siegt das vorlaut Grelle, das Geschrei. Zumindest vorläufig.

Claude Debussy bleibt ein Einzelgänger. Er stirbt fast unbemerkt am 25. März 1918 in Paris. Seine Musik gehört zum Kostbarsten, das ich kenne. Um mit Pierre Boulez zu sprechen:

Er bewahrt eine Kraft von geheimnisvollem verführerischen Zauber; seine Position an der Schwelle zur neuen Musik gleicht einem Pfeil, der einsam in die Höhe schießt.

Das besondere Steckenpferd meiner Mutter ist die Ornithologie. Sie ist für ihr Leben gern gereist, um Vögel zu beobachten. Wenn wir in Ferien waren, wurden regelmäßig Exkursionen gemacht, um die örtliche Umgebung eingehend auf ihre Vogelwelt zu untersuchen. Das Fernglas war ein heiliges Gepäckstück. Ich durfte als kleiner Junge schon mal mit und war dann mächtig stolz, wenn ich einen Brachvogel oder eine Kornweihe als Erster entdeckt hatte. Manchmal hörte ich die Vögel lange, bevor ich sie sah. Das Ohr half mir bei der Suche. Eine Mitteilung, die aus nichts als Tönen bestand, wies mir den Weg.

Olivier Messiaen

Die Vögel singen zur Ehre Gottes und seiner Schöpfung, sagen die einen. Andere sehen es nüchterner: es gehe um die Behauptung des eigenen Reviers. Wie auch immer, wer je in einer Frühlingsnacht kurz vor Sonnenaufgang in freier Natur spazieren gegangen ist, wird es niemals vergessen. Was da aus tausend erwachenden Kehlen tönt, ist einfach überwältigend. Das jubiliert und tiriliert, das pfeift und zwitschert, das klagt und ruft in einem fort. Wie auf ein geheimes Zeichen hin fangen sie an, aus vollem Halse und mit einer Intensität, die ihresgleichen sucht. Der Raum ist voll von Klang, der Wald hallt wider, und man ist wie benommen in alledem.

Olivier Messiaen hat ein Stück über dieses Erwachen geschrieben: «Réveil des oiseaux» für Klavier und Orchester. Die Musik besteht ausschließlich aus Vogelgesängen. Er hat sie alle selbst gehört. Jahre hat er damit verbracht, die Vögel an ihren Rufen zu erkennen, ihre Melodien zu studieren und schließlich in die uns bekannte Notenschrift zu übertragen. Damit sie von herkömmlichen Instrumenten dargestellt werden können.

Es beginnt um Mitternacht. Die Nachtigall singt allein um diese Zeit, vorzugsweise in dichtem Gebüsch. Die anderen schlafen. Ihr Gesang ist betörend und sehnsüchtig, zugleich sehr abwechslungsreich. Das Soloklavier stellt sie uns ausführlich vor. Vogelstimmen kennen keine Taktstriche. In sich abgeschlossene Motive folgen einander wie Perlen auf einer Schnur, ihre Reihenfolge ist unvorhersehbar. Manche tauchen immer wieder auf, andere nur vereinzelt. Eine zweite und dritte Nachtigall treten noch hinzu. Dann stoppt ihr Gesang, ganz unvermittelt. Die Nacht fällt zurück in ihr Schweigen.

In diese Stille ruft der Steinkauz hinein, dreimal, auf einer einsamen Geige. Ein Wendehals antwortet mit Pedal, leicht näselnd. Der Steinkauz versucht es wieder, doch ohne Erfolg. Der Seidensänger fährt dazwischen, leicht irritiert, mit der grellen Farbe der Es-Klarinette. Die Heidelerche singt ihr süßes Lied auf der Piccoloflöte, die Amsel zwitschert nervös auf einer Celesta. Nachtschwalben surren auf Streichertrillern vorbei, das Xylophon gibt uns keck den Zilpzalp, das Rotkehlchen erwacht. Dann folgt der erhabene Auftritt der Singdrossel. Die Trompete führt ihn an, einige Bläser und Streicher sind ihr beigemischt, damit die Farbe, damit das Timbre stimmt. Zwei Geigen spielen als Buchfinken um die Wette: «Bin ich, bin ich, bin ich nicht ein schöner Bräutigam?» Dazwischen leise und flink die Dorngrasmücke, mit schnellen Fingern in zwei Oktaven. Auf chinesischen Holzblöcken lässt sich der Kuckuck aus der Ferne hören, der Buntspecht trommelt kurz und knapp. Der Einsatz des Orpheusspötters signalisiert den übrigen Vögeln, dass es Zeit ist zum Aufwachen, Zeit zum sängerischen Wettstreit. Der Wiedehopf hat schlechte Laune, der Grünspecht lacht ihn aus, Spatzen und Heckenbraunellen piepsen aufgeregt, bevor erneut die Singdrossel die Szenerie beherrscht. Aus dem sanften, vertraulichen Gesang des Rotkehlchens entwickelt sich allmählich jenes gewaltige Tutti an Vogelstimmen, von dem ich eingangs sprach und das so typisch ist für einen frühen Morgen im Wald. Die Stimme des Pirols in den Hörnern übertönt alle anderen. Dann geht es über in ein unentwirrbar gleichzeitiges Gezeter, mühsam zusammengehalten von willkürlichen Taktstrichen. Auf dem Höhepunkt dieser Entwicklung verstummen alle wie auf einen Schlag. Die Sonne ist aufgegangen, der Spuk ist vorbei, langes Schweigen.

Als Erstes wagt sich die Mönchsgrasmücke hervor, sie leitet den Vormittag ein. Der Pianist gibt ihr Zeit und Raum. Langschläfer melden sich zu Wort. Turteltauben gurren in den Flöten, der Bluthänfling hat seinen großen Moment auf der Klarinette. Alte Bekannte mischen sich ein und provozieren einige Streitereien, die aber bei weitem nicht die Vehemenz des nächtlichen Kräftemessens erreichen. Die Amsel ergreift die Gelegenheit, sich ausführlich zu äußern mit einem weiteren Solo des Klaviers. Der Wiedehopf beendet ein nochmaliges Aufflackern der Auseinandersetzungen, nur um sich erneut den Spott des Grünspechts einzutragen. Immer vereinzelter werden die Stimmen. Einige scheinen nur darauf gewartet zu haben, dass es endlich ruhiger wird. Jetzt wagen sie sich hervor: der Grünfink und der Kleiber, der Stieglitz und der Star. Selbst die Rabenkrähe. Sie alle sind verpackt in der letzten Kadenz des Klaviers, die zum Ende hin Rotkehlchen und Amsel im Zwiegesang vereint.

Unsere beiden Buchfinken führen uns noch einmal ihren Kanon vor. Er fällt ins Leere. Der Buntspecht trommelt – und trommelt wieder. Und während wir diesem hohlen Klang hinterher horchen, ruft der Kuckuck aus der Ferne, ein letztes Mal.

Messiaen glaubte, dass die Vögel die größten Komponisten sind, größer als die Menschen. Denn sie haben alles erfunden, die Tonarten, die Modi, den gregorianischen Gesang, die Vierteltöne und das Leitmotiv. Jeder von ihnen hat seine eigene Klangfarbe und sein eigenes Thema. Das alles hat schon lange existiert. Wir müssen es nur bemerken, wir müssen es hören. Ihr morgendliches Erwachen ist ein großartiges Beispiel für kollektive Improvisation, immer wieder anders, in ihrer Vielfalt und Klangfülle unerreicht.

Es gibt kaum ein Stück von Messiaen, in dem Vogelstimmen keine Rolle spielen. Manche sind ihnen ganz gewidmet, so wie der «Catalogue d'oiseaux» oder die «Oiseaux exotiques», andere verdanken ihnen entscheidende Impulse, so wie seine einzige Oper, die vom Leben des heiligen Franziskus erzählt, der den Vögeln predigte. Er sieht sie als Vermittler zwischen Himmel und Erde, als Verkünder Gottes und seiner Herrlichkeit, als Ausdruck höchster Freude. Ihr Ton ist hell und licht, ihre Geste fließend und beweglich, ihre Lust am Singen unerschöpflich. Wer ihnen zuhört, orientiert sich nach oben. Wer ihren Stimmen folgt, richtet sein Ohr in die Höhe. Wer sie wahrnimmt, erkennt etwas von dem unendlichen Raum, der uns umgibt. Sie sind keine illustre Beimischung, keine Spielerei, sie sind Kern und Ausgangspunkt eines musikalischen Denkens, das sich im Überirdischen erfahren hat.

Olivier Messiaen wird 1908 in Avignon geboren. Seine Mutter ist Dichterin, sein Vater ein Mann des Theaters. Früh entbrennt seine Liebe zur Musik. Mit elf Jahren wird er in das Pariser Konservatorium aufgenommen und studiert dort die Fächer Klavier, Orgel, Harmonie und Kontrapunkt sowie Komposition. Seine Neugier ist groß, seine Begabung auffällig. Er saugt alles in sich hinein, sein Interesse geht weit über das Übliche hinaus. Er ist fasziniert von der Astronomie, von den Bahnen der Planeten und erforscht deren Bewegungen ebenso wie die kleinsten Schwingungen der Atome und den Rhythmus des menschlichen Körpers. Alle Vorgänge, die ihm etwas über den zyklischen Verlauf von Zeit erzählen, ziehen ihn an. Er wendet sich den Rhythmen der alten Griechen und der Inder zu. Er sucht nach den Urformen der Maße, so wie sie die Dichter und Musiker der Antike entwickelt und eingesetzt haben. Und er liebt die Natur in allen ihren Erscheinungen. Er beobachtet sie genau und versucht von ihr zu lernen.

Ich wünsche nur, nicht zu vergessen, dass die Musik der ZEIT zugehört, dass sie ein Teil der ZEIT ist wie unser eigenes Leben, und dass die Natur, stets unerschöpflich an Farben und Klängen, an Formen und Rhythmen, unerreichtes Beispiel für die gesamte Entwicklung und die dauernde Veränderung, dass die Natur das höchste Vorbild ist.

Im Alter von 23 Jahren wird er Organist an der Kirche St. Trinité in Paris und bleibt es bis an sein Lebensende. Jeden Sonntag spielt er dort die Orgel. Sie ist sein Zuhause, seine eigentliche Heimat, aus ihren mannigfaltigen Möglichkeiten gewinnt er die gesamte Ausdruckspalette für seine Musik.

Eigentlich ist die Orgel ein überdimensioniertes Blasorchester. Durch Niederdrücken der Tasten werden Luftströme durch Pfeifen und Zungen gejagt und erzeugen die erstaunlichsten Klänge. Zarte Flötentöne ebenso wie schnarrende Serpente, schneidende Oboen wie säuselnde Äolsharfen, leuchtende Prinzipale, schrille Quintmixturen und als Höhepunkt das volle Werk, in dem alle verfügbaren Register zu einer herrlichen Farbenpracht zusammengemischt sind.

Für Messiaen ist Musik immer eine Farbe. Je komplexer die Klänge, desto komplexer sind die Farben. Sogar der Rhythmus hat für ihn eine spezielle Klangfarbe, ebenso die Länge und die Stärke eines Tones. In jedem Augenblick ihrer Entstehung verändert sich in seiner Musik die Farbmischung. Aufgrund ihrer hohen Dichte, aufgrund des komplexen Zusammenwirkens von Harmonik, Rhythmus, Lautstärke und Dauer, bleibt es niemals bei einem Farbeindruck, er wechselt ständig und ist nicht eindeutig festzumachen. Könnte man seine Musik visualisieren, so sähe man sicher ein faszinierendes Spiel leuchtendster Farbwirkungen, die fließend ineinander übergehen, die in herrlichen Kombinationen miteinander harmonieren, die sich scharf voneinander abgrenzen oder sich in schillernden Mustern ordnen.

Die Orgel ist ein riesiger Farbkasten, die Zahl der möglichen Kombinationen ist unendlich, Mischen das Gebot der Stunde. Außerdem verklingen die Töne nicht, sondern sie dauern an bei unverminderter Lautstärke. Ein Akkord kann minutenlang im Raum stehen. Da spürt man einen Hauch von Ewigkeit. Messiaen wollte Musik schreiben über die Sterne, über den Weltenraum, fühlte sich angezogen von den alten Pyramiden der Ägypter und liebte das hohe Gebirge. Er hatte Sehnsucht nach einer Größe, die das Menschliche weit übersteigt. Er wollte in andere Dimensionen vordringen. Dabei kamen ihm die Möglichkeiten der Orgel gerade recht. Nachdem diese im ausschließlichen Dienst an der katholischen Liturgie ein wenig verkümmert waren, entdeckte er sie auf seine Weise neu, gewann sie zurück für die Moderne in der Musik und nutzte die dabei gemachten Erfahrungen auch für seine Orchestermusik.

Zum Beispiel in seinem Werk «Et expecto resurrectionem mortuorum», einem Requiem, das er 1964 zum Gedenken an die Gefallenen der beiden Weltkriege schrieb. Zentrale Aussage ist der Glaube an die Auferstehung der Toten. Es ist für 18 Holzbläser und 16 Blechbläser, ähnelt also in der Besetzung dem oben beschriebenen großen Blasorchester. Dazu kommen Röhrenglocken, sechs Gongs sowie drei Tam Tams, von denen das größte einen sehr tiefen Klang haben soll. Schließlich drei chromatische Sätze von Cencerros, das sind mexikanische Glocken, die sehr scharf und metallisch klingen.

«Aus der Tiefe rufe ich, Herr, zu dir: Herr, höre meine Stimme!»

Sehr langsam taucht aus den untersten Regionen eine Melodie auf, die von Tuben und Fagotten angeführt und von einzelnen Schlägen auf Tam Tams untermalt wird. Sie hat sieben Töne und bewegt sich mühsam. Erst allmählich baut sie sich auf, in manchen Abschnitten fügt ihr Messiaen färbende Harmonien hinzu, die sie in immer neuem Licht erscheinen lassen. Als sie wieder zurückfallen will in die tiefsten Tiefen, ertönt mit Macht der Schrei angesichts des Abgrunds, achtmal hintereinander, es sind Klänge, die einem durch Mark und Bein gehen, die alle zwölf Töne der Oktave in einem weit gespannten Akkord übereinander schichten, Klarinetten und Flöten grell ganz oben.

«Christus, von den Toten auferstanden, stirbt nicht mehr; der Tod hat keine Macht mehr über ihn.»

Wie ein Signal wirkt die einleitende Geste in den Holzbläsern. Sechs schnelle Töne, aus denen sich – nach einem Innehalten – die Oboe einen einsamen Gesang bildet. Die Klarinette antwortet, die Flöte gibt das Echo dazu, das Englischhorn schließt elegant ab. Dann beginnt in Glocken und Gongs der «Simhavikrama», ein Rhythmus des alten Indien, der die Kraft eines Löwen hat und den Sieg über den Tod bedeutet. Darüber erhebt sich die Trompete mit einer übermütigen Melodie inmitten von Regenbogenfarben, die, wie Messiaen ausdrücklich schreibt, aus den Harmonien der Holzbläser entstehen. Zweimal wird diese heitere Musik unterbrochen, um uns auf den Anfang zu verweisen. Oboe und Klarinette singen ganz für sich, die Flöte liebt ihr Echo und das Englischhorn sein letztes Wort. Dazwischen Stille, ebenso wichtig wie das Klingende.

«Es kommt die Stunde, dass die Toten werden die Stimme des Sohnes Gottes hören …»
Holzbläser intonieren die Stimme des Uirapuru. Das ist ein berühmter Vogel im weiten Gebiet des Amazonas. Die Legende sagt, dass man ihn nur in der Stunde des Todes hört. Sein Gesang ist betörend, sein Timbre von besonderer Anziehungskraft, seine Melodie überrascht durch große Sprünge und abgestufte Lautstärkegrade. Jeder Abschnitt endet mit einem typischen lang gezogenen u-u-u-á! Nach einer Stille läuten Glocken, erst langsam und schwerfällig, dann überfallartig und sich fast überschlagend. Aus der Tiefe dringen Tuben und Fagotte herauf, bevor auf Gong und Tam Tam durch regelmäßige Schläge ein gewaltiges Crescendo ausgeführt wird. Das dauert ungefähr 25 Sekunden und ist von unbeschreiblicher Wirkung. Auf dem Höhepunkt lässt man es klingen, und zwar so lange, bis tatsächlich nichts mehr zu hören ist. Dabei können Minuten vergehen. Es ist ein herrliches Gefühl, sich in den schwindenden Klang eines Tam Tams zu versenken.

«Sie werden auferstehen, in Herrlichkeit, mit einem neuen Namen – zu dem freudigen Konzert der Sterne und den Anrufungen der Söhne des Himmels.»
Drei geheimnisvolle Schläge zu Beginn, immer tiefer hinab und lang anhaltend. Symbol für die Dreieinigkeit Gottes. Dann folgt der Oster-Einmarsch: Alle Glocken, hell und klar. Die Bläser fallen ein, die Trompete bläst das Hallelujah, umgeben von einem Hof von Harmonien. Unterbrochen von drei Schlägen, schon etwas lauter. In sehr raschem Tempo, mit vielen Taktwechseln und variabler Dynamik entfaltet die Kalanderlerche im Holz ihren behänden Gesang, ohne Frage die schwerste Stelle im ganzen Stück. Auch sie wird

unterbrochen, die Schläge sind bereits im Forte zu spielen. Der Oster-Einmarsch mit Hallelujah wird erweitert durch den «Simhavikrama» in den Gongs, der Tod scheint besiegt. Erneut die drei Schläge, die immer bedrohlicher werden. Die Kalanderlerche hält dagegen, ebenso der Osterjubel. Aus der Tiefe taucht das Thema des ersten Satzes wieder auf, getragen von Tuben, Posaunen und Hörnern. Vier verschiedene Ebenen sind zu prachtvollem Klang übereinander geschichtet. Innehalten. Wieder die Schläge, zunächst leise wie ein Rückbesinnen. Dann lauter wie eine Aufforderung. Schließlich acht machtvolle Akkorde, die an den Schrei angesichts des Abgrunds gemahnen, der jetzt endgültig überwunden ist.

«Und ich hörte die Stimme einer großen Schar …»
In äußerst langsamem Tempo schreitet die Musik daher, wie eine Prozession, angeführt von Gongschlägen im Sekundentakt. Riesige, choralartige Linien wölben sich darüber. Die Bläser bräuchten einen Atem, den nur die Orgel hat. Die tiefen Stimmen führen, darüber färben die Harmonien. Zum Schluss hin hebt sich die Melodie immer mehr, wird magisch nach oben gezogen wie in ein weißes, gleißendes Licht. Der Gong zerbirst beinahe bei den letzten Schlägen. Wir erleben die Überschreitung einer Grenze, die hier zu Klang geworden ist.

Olivier Messiaens Musik hat die Kraft, die einem tief verwurzelten Glauben entspringt. Sie kann Berge versetzen, sie kann in unendlichen Bögen singen, und sie kann Freude ausdrücken, ursprüngliche, überschäumende Freude. Er selbst hat bekannt, dass es seine Sache nicht sei, Stücke des Schmerzes und des Leides zu schreiben. Er liebe zu sehr die Herrlichkeit im himmlischen Sinne. Er hat sie gepriesen in den «Couleurs de la cité céleste» oder in «Des canyons aux étoiles», in «La Transfiguration de Notre Seigneur Jésus Christ» oder den «Trois Petites Liturgies de la présence divine». Aber auch irdischen Freuden war er keinesfalls abgeneigt. Seine monumentale, vibrierende «Turangalila-Symphonie» erzählt auf ihre Art von der Liebe. Im «Jardin du sommeil d'amour» spielen die Streicher eine einstimmige, endlose Melodie, die so voller Süße und Sehnsucht ist, dass man dahinschmilzt. Das Finale dagegen stürmt in einem schnellen 3/16-Takt dahin, Akkordkaskaden stürzen auf uns ein, dass uns Hören und Sehen vergeht. In losgelöster Euphorie und Begeisterung hebt es beinahe vom Boden ab und endet schließlich jubelnd in reinem Fis-Dur.

Das andere Phänomen, das mich an seiner Musik reizt, ist der Mut zur Langsamkeit. Im Erleben von Zeit, das wusste Messiaen, gibt es große Unterschiede zwischen den Kulturen. Er hat Japan bereist und dort die Stille erfahren. Er kannte die besondere Kraft der inneren Ruhe. Wie bei einem Gebet, wie bei einer Meditation, in die man sich versenkt. Mir ist sie zum ersten Mal begegnet im letzten Satz des «Quatuor pour la fin du temps».

Messiaen schreibt das «Quartett auf das Ende der Zeit» 1940 in deutscher Kriegsgefangenschaft. Es wird am 15. Januar 1941 im Stalag VIII A des Görlitzer Kriegsgefangenenlagers zum ersten Mal aufgeführt. Er selbst sitzt am Klavier. Drei Mithäftlinge spielen Geige, Klarinette und Cello. Die ungewöhnliche Besetzung ergibt sich aus der schlichten Tatsache, dass nur diese drei Mitspieler zur Verfügung stehen. Die Instrumente sind kaputt und kaum spielbar, es ist kalt, die Kleider sind zerschlissen, Hunger und Angst allgegenwärtig. Selbst in dieser Situation gelingt es Messiaen, eine von innen leuchtende Musik zu schreiben, die an ein Morgen glaubt. Der Trost, den sie gespendet haben muss, ist für uns heute fast unvorstellbar. Im letzten der acht Sätze spielt die Geige eine Melodie, die nie zu enden scheint. Zum Lob der Unsterblichkeit Jesu Christi. Das Klavier begleitet mit ruhig pulsierenden Akkorden. Das Tempo liegt weit unterhalb der Frequenz des Herzschlags. Die Musik entfaltet sich in ungekannter Langsamkeit, sie führt uns in andere, nie zuvor betretene Regionen. Wie in Zeitlupe bewegt sie sich voran, weit außerhalb des Üblichen, wir fühlen uns wie befreit vom Druck der Wirklichkeit, die uns umgibt. Aufgehoben in einem Fluss, der uns auf diese nie erlebte Weise trägt, begegnen wir dem Eigentlichen. Endlich steigt die Melodie hinauf, ganz allmählich, steigt höher, immer höher, bis sie unseren Ohren zu entschwinden droht. Hier verweilt sie und verklingt, sehr lange. In die Ferne hin, zum Ende jeder Zeit, dort wo die Ewigkeit beginnt.

*E*in Ton ist nicht ein Ton allein. Er ist viel mehr. Wie das? Pythagoras aus Samos fand es heraus, vor mehr als 2500 Jahren. Er ist das Ergebnis einer Summe von Tönen. Eine leere Saite schwingt nicht nur als Ganzes, über die gesamte Länge. Sondern auch in all ihren Teilen. In allen denkbaren Verhältnissen. Dabei entsteht ein Ganzes Spektrum von Tönen. Die so genannte Obertonreihe. Auf ihr basiert die

Natur Welt der Musik. Sie bildet ihre natürliche Grundlage, die immer und überall wirkt. Bei jedem Ton, der gesungen, angeschlagen, geblasen oder gestrichen wird, entsteht sie unmittelbar mit. Sie ist ständig präsent, ohne dass wir uns dessen bewusst sind.

Tibetanische Mönche pflegen den Obertongesang. Das kann man ausprobieren. Wir singen einen möglichst tiefen Ton und versuchen, durch Veränderung der Mund- und Lippenstellung verschiedene Obertöne hervorzubringen. Zunächst muss das Ohr geübt werden, in diese Klänge hineinzuhören. In ihr Innenleben, in ihre einzelnen Teile. Gelingt das, öffnet sich uns tatsächlich eine neue Welt an musikalischer Wahrnehmung.

Bei einem Streichinstrument nennt man die Stelle, über die die Saite gespannt ist, den Steg, die Italiener nennen es das Brückchen, il ponticello. Je näher am Steg die Saite gestrichen wird, umso größer wird der Anteil der Obertöne am Klang. Manche Komponisten verlangen sogar, dass der eigentliche Grundton ganz verschwinden und nur mehr das Obertonspektrum erklingen soll. Es erinnert einen in seiner Klanglichkeit an Insektenwelten, an Flüstern und elektronische Effekte. Es ist so, als ob man in das Unterbewusstsein eines Tones hineinhören kann. Kein Wunder, dass gerade die Moderne sich auf die Suche danach begeben hat. Um herauszufinden, was sich hinter dem schönen Schein verbirgt. Was hinter der Fassade steckt.

Wir machen ein weiteres Experiment. Wir brauchen dazu einen ausgewachsenen Konzertflügel mit offenem Deckel. Die tiefen Saiten sind für das, was wir vorhaben, am besten geeignet. Mit der linken Hand suchen wir uns eine aus. Die rechte Hand muss in der Lage sein, die entsprechende Taste auf der Klaviatur zu erreichen. Wir versuchen, die Knotenpunkte auf der Saite zu finden, an denen sie in ihren Teilen schwingt. Ein Fünftel oder ein Drittel der Saite, das kann man ganz gut abschätzen. Während wir den Ton immer wieder anschlagen, fahren wir mit ein oder zwei Fingern mit sachtem Druck über die Saite, und hoppla, plötzlich erklingt der fünfte Oberton rein und stark, es ist die große Terz im Verhältnis zum Grundton. Am Drittelpunkt der Saite angekommen, erklingt der dritte Oberton, es ist die Quinte. Einmal auf den Geschmack gekommen, kann man gar nicht genug kriegen. Je näher man an die Stelle geht, an der die Saite befestigt ist, desto höher und verrückter werden die Klänge, die man auf diese Weise herausholen kann. Es ist so, als höre man in ihr Inneres. Das ist sie, die faszinierende Welt der Obertöne. Ausprobieren!

An dieser Stelle ist Mathematik gefragt. Eins ist der Grundton, mit zwei beginnen die Obertöne, theoretisch bis ins Unendliche. Uns sollen hier nur die ersten fünf interessieren. Das Verhältnis 2:1 beschreibt die Oktave, da die Hälfte der Saite eine Oktave höher klingt als die ganze Saite. Ist doch logisch. Das Verhältnis 5:4 beschreibt die reine große Terz. Ein Fünftel der Saite klingt eine große Terz höher als ein

Viertel der Saite. Irgendwie kommt uns diese Terz anders vor, als wir es gewohnt sind. Und das ist das Problem: Legen wir drei große Terzen übereinander, müssten wir eine Oktave erhalten. Aber das klappt nicht. 5/4 hoch drei ist nicht gleich 2/1. Die reinen Terzen der Obertonreihe sind ein bisschen zu klein. Die Abweichung ist hörbar und bedeutet, dass reine Terzen und Oktaven nicht zusammenpassen. Was nun? Es kommt noch schlimmer. 3:2 beschreibt die Quinte. Ein Drittel der Saite klingt eine Quinte höher als die Hälfte der Saite. Wenn wir zwölf reine Quinten übereinander türmen, müssten wir wieder bei der Oktave ankommen. Aber auch das klappt nicht. Pythagoras wusste es schon. Die Natur hat uns eben kein System überlassen, das in sich geschlossen ist. Es ist offen und scheinbar unvollkommen. Aber man kann es sich einrichten. Das haben alle Kulturen getan, jede auf ihre Weise.

Der berühmte Soziologe Max Weber hat ein Fragment hinterlassen, über die natürlichen und soziologischen Grundlagen der Musik. In ihm untersucht er, auf welche Weise verschiedene Weltkulturen sich mit der Teilung der Oktave beschäftigt haben. Höchst spannend. Denn Mutter Natur lässt die unterschiedlichsten Lösungen zu, übrigens alle mathematisch ausdrückbar. Und sie spiegeln in ihrer spezifischen Art die Kultur, in der sie entstanden sind.

Die abendländische Kultur kam in ihrem vernunftbetonten Denken auf die Idee, die Oktave in zwölf gleich schwebende Halbtöne zu unterteilen. Das nennt man die wohltemperierte Stimmung. Ein gewisser Andreas Werkmeister hat sie erfunden, kurz vor 1700. Um das System der Mehrstimmigkeit zu erhalten, werden alle Intervalle so weit verbogen, bis sie passen. Außer der Oktave sind sie alle unrein. Entsprechen nicht den Vorgaben der Natur. Es hat aber den unschätzbaren Vorteil, dass man ohne Probleme von einer Tonart in die nächste kommt.

Der italienische Komponist Ferruccio Busoni spricht von einem «ingeniösen Behelf», von einer «kümmerlichen Taschenausgabe», gar von «künstlichem Licht». Um die ewige Harmonie festzuhalten, um das Licht der Sonne zu entfachen, müssten ganz andere Tonsysteme her. Er fordert Drittel- und Sechsteltöne, neue Instrumente, neue Tastaturen, um der unendlichen Abstufung der Natur einigermaßen nahe zu kommen.

Das künstliche System der gleich schwebenden zwölfstufigen Stimmung trägt den zerstörerischen Virus bereits in sich. Es ist der Tritonus, die Mitte der Oktave, von jeher Intervall des Teufels genannt. Er ist nach allen Seiten offen und nicht festgelegt, nicht bindungsfähig. Er sprengt allmählich das System. Auf den sicheren Ort einer Tonart ist kein Verlass. Kaum erreicht, gilt sie schon nicht mehr. Was so natürlich wirkte, hält nicht länger. Was tun? Für eine Weile ist alles möglich. Ausdruck total und freies Spiel der Kräfte. Man spaltet gar den Halbton auf. Das ändert aber nichts am grundsätzlichen Dilemma. Wie ist die Mehrstimmigkeit zu retten, auch ohne Dur und Moll?

Arnold Schönberg findet die Methode, die den Ausweg weisen soll. Nach Jahren des Suchens. Um der Natur eine neue Ordnung abzuringen. Sie ist bis heute ein Schreckgespenst: die Zwölftonreihe. Die zwölf Halbtöne der Oktave werden aufeinander bezogen. Und zwar in der Art, dass keiner von ihnen wiederholt werden darf, bevor nicht alle anderen erklungen sind. Eigentlich ganz einfach. Die Folge ihres Auftretens ist festgelegt und gilt für das gesamte Stück. So entstehen charakteristische Tonfelder, kein Ton, keine Tonart hat mehr die Vorherrschaft, alle sind gleichberechtigt. Das ist ein System, nach dem man sich richten kann. Ebenso künstlich wie das vorige.

Das tollste Schauspiel, das die Natur uns bietet, ist ein ordentliches Gewitter. Wenn es blitzt und donnert, lacht das Herz. Es klingt einfach gut, wenn Wolken aufeinander prallen. Wie ein riesiges Orchester aus Pauken und großen Trommeln. Mit drohenden Wirbeln, mit anwachsendem Getöse, mit krachenden Akzenten, mit reichem Verklingen. Es ist so, als fielen große Steine über gewaltige Treppen hinab. Lange noch hallt es nach, in die Ferne hinein. Eine Art Urmusik. Sie war schon immer da.

Komponisten aller Epochen haben versucht, Gewitter nachzuahmen. Sie wussten, dass sie mehr sind als Naturerscheinungen. Dass sie Zeichen sind: die tönende Entsprechung eines Aufruhrs, der in uns tobt. Lang aufgestaute Spannung entlädt sich auf einmal. Klänge werden entfesselt, jenseits der Ordnung, geraten außer sich. Werden herausgeschleudert, kochen über, überstürzen sich. Sturm in der Seele, Hin- und Hergerissensein.

Die Welt der modernen Musik ist ein einziges großes Gewitter. Flächendeckend. Das System, mit dem wir so lange lebten, wird hinweggefegt. Nichts ist mehr, wie es war. Dur und Moll werden verabschiedet. Eine ganze Kultur wird erschüttert. Es hat sich lange angekündigt. Alles hat seine Zeit.

Die Begegnung mit der Musik Arnold Schönbergs wurde zu einem Wendepunkt in meinem musikalischen Leben. Das war sicher kein Zufall. Ich war es einfach leid, immer die gleichen Stücke zu üben. Ich wollte anders sein, wollte Verbindung aufnehmen mit etwas, das ein wenig nach Gegenwart roch. Arnold Schönbergs «Drei Klavierstücke op. 11» stammen aus dem Jahr 1909. Das ist verdammt lang her. Aber

Arnold Schönberg

im Verhältnis zu dem, was mich damals umgab, war es geradezu radikal modern. Mein Lehrer ließ mich gewähren. Ich durfte Schönberg üben und stürzte mich in die Arbeit. Gierig verschlang ich die Noten. Dabei war mir der Gestus der Musik gar nicht so neu, es klang irgendwie nach Brahms. Aber die Wahl der Töne und die daraus entstehenden Harmonien eröffneten mir eine ganz neue Welt der Empfindung. Schluss mit jeder Sentimentalität, Schluss mit Dur und Moll, ein für alle Mal Schluss mit der heilen Welt, dafür mehr Reibung und harte Dissonanzen, die als solche stehen blieben, ohne aufgelöst zu werden. Das war genau, wonach ich suchte. Denn die Welt, in der ich lebte, hatte ich nie als harmonisch empfunden. Sie war voller Spannungen, die einfach nicht verschwinden wollten, ja die sich sogar ständig vermehrten. Und jeder Versuch, sie in Wohlgefallen aufzulösen, erschien mir als eine ungeheure Heuchelei. Wieso sollte ich mich mit einer Musik beschäftigen, die diese Spannungen leugnete, die das Mäntelchen rührender Versöhnung über die Realität des Lebens legte? Ich wollte den Dingen ehrlich ins Auge sehen, auch in der Musik. Und immer, wenn ich die «Drei Klavierstücke» von Arnold Schönberg übte, hatte ich das Gefühl, dass ich näher am Puls der Zeit war, einfach näher dran.

Ich lernte sie auswendig und spielte sie vor Publikum. Zufällig hörte mich jemand, der einen Pianisten suchte fürs Ensemble Modern. So kam eins zum anderen. Ich wurde eingeladen, an einer Arbeitsphase des gerade gegründeten Ensembles teilzunehmen. Und fand dort eine neue Heimat für meinen musikalischen Werdegang. Nur wegen Schönberg. Weil ich seine Musik spielen wollte. Dabei hatte ich damals keine Ahnung, dass gerade diese «Drei Klavierstücke» in einer sehr kritischen Phase seiner Entwicklung entstanden sind. Als er nämlich drauf und dran war, den unglaublichen Schritt zu tun, das über mehrere Jahrhunderte geltende tonale System aus Dur und Moll endgültig zu überwinden. Man muss es sich nur für einen Moment vor Augen halten, um es in seiner ganzen Tragweite zu verstehen.

Dieses System war ja mit der es umgebenden Kultur gewachsen, es war Bestandteil des gesellschaftlichen Lebens, unausgesprochen zwar, aber eben doch eine Selbstverständlichkeit wie die allgemeine Moral, wie Ehe und Familie, Ehrenkodex und Verlässlichkeit. Dass da jemand herging und alle diese Grundlagen gemeinschaftlichen Lebens in Frage stellte, war schlichtweg eine Ungeheuerlichkeit. Bis dahin hatte sich Musik fast immer auf den gesicherten Fundamenten von Tonika und Dominante abgespielt. Geübte Ohren hatten natürlich schon in Wagners «Tristan und Isolde» Auflösungserscheinungen wahrgenommen oder in Gustav Mahlers Symphonien unheilsame Entwicklungen vorausgeahnt. Aber dass es tatsächlich jemand wagen würde, jenseits der bewährten und anerkannten Formen, jenseits lieb gewonnener Klänge und scheinbar ewig gültiger harmonischer Beziehungen eine gänzlich neue Tonsprache zu erfinden, war im wahrsten Sinne des Wortes unerhört.

Arnold Schönberg **85**

Doch wie kam es dazu? Zunächst erhält der kleine Arnold Geigenunterricht. Im zarten Alter von neun Jahren beginnt er zu komponieren, zunächst Violinduos, später auch Märsche und Polkas. Schönberg wird ein glühender Verehrer der Kunst von Johannes Brahms. Erst die Begegnung mit dem Komponisten Alexander von Zemlinsky eröffnet ihm die Welt Richard Wagners. 1897, er ist inzwischen 23 Jahre alt, wird von ihm ein Streichquartett in D-Dur aufgeführt. Zemlinsky beschreibt es als «noch stark von Brahms beeinflusst, in einem Mittelsatz jedoch bereits eigene Töne anschlagend». Erstmals horcht man auf, wenn der Name Schönberg fällt. Nach dem Tod von Brahms ist Richard Strauss der neue Stern am Komponistenhimmel. Er schreibt Tondichtungen für großes Orchester. Musik, die uns Geschichten erzählt, die uns ein Bild beschreibt: so genannte Programmmusik. Arnold Schönberg entschließt sich, dieses Prinzip auch auf dem heiligsten Gebiet abstrakter Formkunst, dem der Kammermusik, anzuwenden. Er schreibt das Streichsextett «Verklärte Nacht» nach einem Gedicht von Richard Dehmel. In diesem Gedicht wird der nächtliche Spaziergang zweier Menschen beschrieben. Eine Frau gesteht dem Mann, den sie liebt, dass sie das Kind eines anderen in sich trägt. Der Mann antwortet ihr, dass er es so annehmen wird, als sei es sein eigenes. Die Musik ist schwelgerisch, herrlich schön, durchsetzt mit raffiniertesten Effekten. Sie ist leidenschaftlich aufblühend und zärtlich verhalten. Sie beschreibt das gleißende Mondlicht und die Verklärung der Tat. Das Weltall schimmert, wie es in dem Gedicht heißt. Nichts deutet darauf hin, dass der Schöpfer dieser Musik etwas Umwälzendes vorhat. Im Gegenteil, es folgt mit der Tondichtung «Pelleas und Melisande» ein Werk, in dem er die erworbenen Fähigkeiten scheinbar mühelos auf den großen Apparat des Orchesters überträgt.

Doch dann beginnt der Umschwung. Er komponiert die erste Kammersymphonie. Ein Widerspruch in sich. Denn eine Symphonie wird seit jeher für Orchester gesetzt, nicht aber für 15 Soloinstrumente, fünf Streicher und zehn Bläser. Die Reihenfolge der Sätze wird von der großen Schwester übernommen. Allerdings gehen sie ohne Unterbrechung ineinander über. Das ganze Stück dauert kaum länger als 20 Minuten. Es ist gemessen an seiner Länge und der Größe der Besetzung eine radikale Abkehr von der herrschenden Mode. Gerade eben noch wurde die Achte Symphonie (auch die «Symphonie der Tausend» genannt) von Gustav Mahler uraufgeführt, und Schönberg selbst arbeitet seit längerem an seinen riesig besetzten «Gurre-Liedern». Nun plötzlich das Besinnen auf die Beschränkung, auf die Konzentration der Mittel. Einher geht damit ein neues Konzept der Tonalität. Die harmonische Sprache ist bestimmt vom Intervall der Quarte. Das Horn stellt sie vor, gleich zu Beginn, unüberhörbar. Wie eine Fanfare zum Aufbruch schießt sie in fünffacher Wiederholung empor und kehrt als solche an allen Schlüsselstellen des Werkes wieder. Schönberg versucht auf diesem Weg, den Quinten und Terzen von Dur und Moll zu entkommen. Etwa zur gleichen Zeit experimentiert der russische Komponist Alexander Skrjabin ebenfalls mit Quartenakkorden. Unabhängig voneinander sind die großen Komponisten auf der Suche nach einem Ausweg, nach einem Durchbruch zu neuen harmonischen Ufern. Ein erster Schritt ist getan. Die Uraufführung der Kammersymphonie ist deshalb auch skandalumwittert. «Viele stahlen sich vor Schluss dieses Stückes lachend aus dem Bund, viele zischten und pfiffen, viele applaudierten …», heißt es in einer Rezension, und erstmals fällt das hässliche Wort von einer entarteten Musik.

Doch Schönberg geht seinen Weg weiter. Durch nachhaltige Erschütterungen seiner privaten Lebensverhältnisse in eine tiefe Schaffenskrise gestürzt, erhebt er sich im Jahre 1909 wie Phoenix aus der Asche und schreibt mit dem Liederzyklus «Das Buch der hängenden Gärten», den «Drei Klavierstücken» und dem Monodram «Erwartung» in kurzer Folge die Werke, mit denen er tatsächlich zu einer wahrhaft neuen Musik durchbricht. Es ist das Jahr, in dem Gustav Mahler mit seiner Neunten Symphonie Abschied nimmt von einer versinkenden Epoche, in dem Richard Strauss mit seiner «Elektra» scheinbar an den Fundamenten alles bisher Dagewesenen rüttelt, in dem Braque und Picasso den Kubismus entwickeln und das erste futuristische Manifest geschrieben wird. Die alte Welt löst sich auf oder besser gesagt, unsere Wahrnehmung von dieser Welt zerbricht, weil sie so nicht mehr haltbar ist.

Schönberg war sich darüber im Klaren, wenn er anlässlich der Uraufführung seiner Lieder schreibt: «Nun ich aber diese Bahn endgültig betreten habe, bin ich mir bewusst, alle Schranken einer vergangenen Ästhetik durchbrochen zu haben.» Die vergangene Ästhetik bestand im Wesentlichen aus der Übereinkunft, dass ein tonales Zentrum, sei es in Dur oder in Moll, den Zusammenhang des musikalischen Geschehens herstellen müsse. Schönberg ignoriert sie mit einer Rücksichtslosigkeit und Konsequenz, die frappierend ist. Ich habe im ganzen «Buch der hängenden Gärten» vielleicht zwei oder drei Stellen entdecken können, wo quasi im Vorübergehen ein solcher «alter» Akkord auftaucht. Er erscheint uns fremd in der neuen Umgebung. Es ist fast so, als habe Dur und Moll seinen Sinngehalt verloren in einer Welt, die von ständig gespannten Tonverhältnissen bestimmt wird, in der Dissonanzen sich einfach nicht auflösen.

Die größte denkbare Dissonanz ist das Intervall der kleinen Sekunde, der Halbton, zwei direkt benachbarte Tasten auf dem Klavier. Die beiden nebeneinander liegenden Schwingungen reiben sich unaufhörlich, Harmonie ist ausgeschlossen. Dieses Intervall wird bei Schönberg zum Ausgangspunkt. Der Einklang, die Prime, hat ausgedient. Er wird gespalten in zwei sich widerstrebende, unvereinbare Teile. Das selbe geschieht mit der Oktave, der Öffnung des Einklangs in den Raum. Eine Oktave minus eines Halbtons ergibt das Intervall der großen Septime, das Pendant zur kleinen Sekunde und daher ebenfalls sehr dissonant. Große Sekunde und kleine Septime bilden ein weiteres Paar, in seiner Reibungskraft gemildert, aber nicht weniger wichtig, zumal die kleine Septime die Summe zweier Quarten ist, die wir bereits aus der Kammersymphonie kennen. All diese Intervalle werden bei Schönberg zu Säulen einer neuen Tonalität. Dabei hat er sich keineswegs vom Dreiklang verabschiedet. Er baut ihn nur neu zusammen. Durch Hinzufügen eines dritten Tones entstehen verschiedenste Möglichkeiten dissonanter Dreiklänge, von denen er ausgiebig Gebrauch macht.

Das ist das neue Vokabular, das eingebracht wird. Der traditionelle Klaviersatz, der an Brahms gemahnt, wird dagegen beibehalten. Und der schließt Oktaven ebenso ein wie große und kleine Terzen, ja vereinzelt kommen auch Dur- und Moll-Dreiklänge vor. Da aber fast immer mehr als drei Töne erklingen, werden sie durch Hinzufügung dissonanter Gegenstimmen ihrer ursprünglichen Bedeutung enthoben. Es sind diese komplexen Tonverhältnisse, die Schönbergs Musik so einmalig machen. Und man erstaunt vor der Sicherheit, mit der er sich in seiner neuen Sprache bewegt. Und dass ihm selbst nicht schwindelig wurde über solch einem schwankenden Boden.

Die Gesangsstimme fügt sich ein, schwebt ohne Netz und doppelten Boden über diesem unsicheren Grund. Der Text von Stefan George mag ihm dabei geholfen haben. Es finden sich Zeilen wie diese:

Als neuling trat ich ein in dein gehege;
Kein staunen war vorher in meinen mienen,
Kein wunsch in mir, eh ich dich blickte, rege.

Der jungen hände Haltung sieh mit huld,
Erwähle mich zu denen, die dir dienen
Und schone mit erbarmender geduld
Den, der noch strauchelt auf so fremdem stege.

Hier treffen sich verwandte Seelen. Ob eine Frau oder die Musik gemeint ist, bleibt in der Schwebe. Der Text ist vieldeutig und trifft mitten hinein in das Lebensgefühl der Zeit. Es sind Zeiten geistiger Hochspannung, Zeiten des Umbruchs, des Aufbruchs zu neuen Horizonten.

Schönberg ist so befeuert von seinen Entdeckungen, dass er ohne Gesangsstimme für Klavier allein weiterkomponiert. Es gibt keinen Text mehr, dem er folgen und an den er sich halten könnte. Jetzt muss sich erweisen, ob die neu erfundene Sprache sich auch in der abstrakten Form bewährt, ob sie Zusammenhang stiften kann, wenn die helfende Hand des Wortes fehlt.

Kernzelle des ersten Satzes der «Drei Klavierstücke» sind die einleitenden Takte. Eine fallende Melodie, die irgendwie nach E-Dur klingt, wenn man sie alleine spielt. Sechs Töne insgesamt, kleine und große Terz, Dur und Moll mit abschließendem seufzendem Vorhalt einer kleinen Sekunde. Begleitet wird sie von zwei dreistimmigen Akkorden, die das Ganze in ein völlig verändertes Licht rücken. Ihre beiden oberen Töne stehen eigentlich in einem tonalen Zusammenhang mit der Melodie. Der aber wird durch die hinzugefügte tiefe Note im Bass zunichte gemacht, da sie ein äußerst dissonantes Verhältnis zum nächstliegenden Ton hat. Insgesamt sind es zwölf Töne. Wie bitte? Haben wir es vielleicht mit einer ... Ich zähle nach. Sind das wirklich alle zwölf Halbtöne einer Oktave? Nein, nicht ganz. Es wird noch eine Weile dauern, über zehn Jahre nämlich, bis Schönberg die Methode entwickelt, mit zwölf aufeinander bezogenen Tönen zu komponieren. In der Zwischenzeit herrscht die freie Tonalität.

Es ist die Zeit des großen Schwärmens, die Zeit ohne feste Bindungen, die Zeit der Abenteuer. Alles scheint möglich.

Die oben beschriebene Melodie durchzieht wie ein Leitmotiv das ganze erste Stück. Es ist in mäßigen Vierteln notiert und wirkt wie der Kopfsatz einer Klaviersonate, streng und gewichtig. Im folgenden zweiten pendeln zwei Töne monoton in tiefster Basslage hin und her, auch die «Melodie» kommt nicht so recht vom Fleck und kehrt stets unverrichteter Dinge zu ihrem Ausgangspunkt zurück. Stillstand. Dann hellt es allmählich auf durch lichte Akkordfolgen, die aus den Motiven des ersten Satzes abgeleitet sind. Doch die Monotonie ist nicht so leicht zu vertreiben. Am Ende geht die Sache unentschieden aus. Ungelöst und festgefahren. Unmittelbar folgt der dritte Satz. Und der wirkt wie eine Explosion, eine Entladung, wie das heftigste Sommer-Gewitter. Wahre Klangkaskaden im Fortissimo stürzen auf uns hinab. Der Pianist hat alle Hände voll zu tun. Zum Teil ist das Geschehen auf drei statt auf zwei Systemen notiert. So als sollte die gesamte Tastatur des Klaviers zu gleicher Zeit in Schwingung gebracht werden. Es wirkt wie eine Entfesselung der vorher zurückgehaltenen, domestizierten Kräfte. Hier tobt sich einer aus. Am Schluss dann spürbare Erschöpfung. Immer matter wird das letzte Motiv in beiden Händen. Schließlich Oktaven im dreifachen Pianissimo, in höchsten Höhen, in tiefsten Tiefen, und ein einsamer Ton, der lange nachklingt.

Kein Wunder, dass ich Feuer fing an dieser Musik. Ich hatte genau das gefunden, wonach ich suchte. Ausbruch aus den gewohnten Bahnen, Sprengung der Fesseln, Tollkühnheit und Wagemut. Ich schmiss mich in die Arbeit, übte wie noch nie. Endlich hatte ich einen Ausdruck gefunden, an den ich rückhaltlos glauben konnte, der mir nahe war, der mir wahrhaftig schien.

Schönberg ging noch einen Schritt weiter und übertrug

solch vulkanische Energie auf ein riesiges Orchester in dem Monodram «Erwartung». Diese knapp halbstündige Opernszene einer einsamen, verzweifelt suchenden Frau komponierte er in nicht mehr als zwei Wochen im Sommer 1909. Aus dieser Zeit stammt ein Brief an Ferruccio Busoni, in dem er seine Vorstellungen wie in einem Manifest formuliert:

> Ich strebe an: Vollständige Befreiung von allen Formen.
> Von allen Symbolen des Zusammenhangs und der Logik …
> … Dann: Weg vom Pathos!
> Meine Musik muss kurz sein.
> Knapp! In zwei Noten: nicht bauen, sondern «ausdrücken»!!
> Und das Resultat, das ich erhoffe:
> Keine stilisierten und sterilisierten Dauergefühle.
> Das gibt's im Menschen nicht: dem Menschen
> ist es unmöglich, nur ein Gefühl gleichzeitig zu haben.

In der «Erwartung» werden viele, wenn nicht alle diese Forderungen eingelöst. Ständig wechseln die Stimmungen, jäh werden zarteste Empfindungen unterbrochen durch plötzlichen Aufschrei und blankes Entsetzen. Verführerische Hoffnung und panische Angst folgen aufeinander. Jeder Moment in diesem gnadenlosen Auf und Ab der Gefühle ist grell ausgeleuchtet. Der Text von Marie Pappenheim bietet eine ideale Vorlage für den Komponisten. Er ist atemlos, knapp und direkt. Die Musik folgt diesem Gestus und verstärkt ihn noch, spürt den kleinsten Regungen des Textes nach und wandelt sie sofort in hörbaren Klang um. Es ist eine Komposition für großes Orchester, mit Piccolo und Englischhorn, mit D-Klarinette und Kontrafagott, mit Xylophon und Glockenspiel, mit Basstuba, Triangel und Ratsche. Die Streicher nutzen Flageolett und Ponticello, das Blech spielt gestopft und mit hochgestellter Stütze. Schönberg holt alles raus, was aus diesem wunderbaren Apparat herauszuholen ist. In jedem Augenblick sucht er den unmittelbaren, den größtmöglichen Ausdruck. Das ist die Form, nicht das große Ganze. Der Verlauf des Stückes gleicht einer Fieberkurve. Niemand weiß vorherzusagen, was im nächsten Augenblick passieren wird. Es ist ein unabsehbarer Fall. Der Schluss bleibt offen, endlos aufsteigende chromatische Bewegungen, die im Nichts verschwinden. Dieses Stück ist für mich bis heute das stärkste Zeugnis aus der Zeit des Umbruchs. Es hat nichts von seiner Sprengkraft eingebüßt.

Schönberg selbst hat gesagt, Tapferkeit sei die Fähigkeit, etwas zu tun, wozu einem der Mut fehle. Der Weg, den Schönberg gegangen ist, war nur mit Tapferkeit zu gehen. Ohne diese Tapferkeit wäre die Moderne in der Musik nicht entstanden.

*E*r ist ohne Frage die schillerndste Figur unter den Komponistenpersönlichkeiten des 20. Jahrhunderts. Geboren in Paris zwei Tage vor Heiligabend 1883 als Sohn eines Ingenieurs, beschäftigt er sich früh und heimlich mit Musik. Sein Vater will, dass er ihm in seinen Fußstapfen folgt, aber der junge Edgard hat anderes im Sinn. Er spielt Schlagzeug in der Oper von Turin, wo die Familie inzwischen lebt, und nimmt private Stunden im Fach Musiktheorie. Schließlich bricht er mit dem Vater und kehrt zurück nach Paris. Ein erster wichtiger Einschnitt. Dort trifft er Pablo Picasso und Erik Satie und ist mittendrin in der Boheme des neuen, aufregenden Jahrhunderts. Er beginnt zu komponieren. Er ist für eine Weile Privatsekretär des Bildhauers Auguste Rodin und gründet einen Arbeiterchor an der Université Populaire du Faubourg Saint-Antoine, mit dem er auch eigene Werke aufführt.

Edgard Varèse

Leider werden wir niemals erfahren, wie sie geklungen haben. Diese Musik ist verschollen. Auf immer verloren. Der Anfang seines Komponierens, die ersten 15 Jahre seiner schöpferischen Arbeit liegen komplett im Dunkeln. Die Partituren sind verbrannt, vernichtet, zum Teil durch eigene Hand, zum Teil durch Missgeschick. Einziges Indiz ist, dass sein Orchesterwerk «Bourgogne» 1910 in Berlin einen heftigen Skandal verursachte. Edgard Varèse kannte und traf alle Großen seiner Zeit, Richard Strauss und Maurice Ravel, Igor Strawinsky und Claude Debussy, Gustav Mahler und Arnold Schönberg. Sie alle haben ihn sicher auch beeinflusst. Dennoch wissen wir nicht, wo er in seiner kompositorischen Entwicklung stand, als er sich auf seinen abenteuerlichen Weg begab.

Zunächst wandert er aus. Mitten im Ersten Weltkrieg schifft er sich ein nach New York, nach Amerika, in das Land der unbegrenzten Möglichkeiten. Er führt dort das Requiem von Hector Berlioz auf zum Gedächtnis an die Gefallenen des Krieges, mit einem riesenhaften Aufgebot von 450 Mitwirkenden. Er gründet das «New Symphony Orchestra», das sich der Aufführung neuer und unbekannter älterer Musik widmen soll. Eine zukunftsweisende Idee. Und er arbeitet an einem Stück, das ihn mit einem Schlage ins Rampenlicht der Moderne katapultiert: «Amériques».

Auf den ersten Seiten einer Partitur werden stets all die Instrumente aufgelistet, die für eine Aufführung benötigt werden. Im Falle von «Amériques» liest sich das so: fünf Flöten, darunter Altflöte, fünf Oboen, dabei ein Heckelphon, fünf Klarinetten einschließlich einer Bassklarinette, fünf Fagotte, von denen zwei Kontrafagotte sind; acht Hörner, sechs Trompeten, fünf Posaunen inklusive Kontrabassposaune, dazu zwei Tuben, zwei Harfen, zwei Sätze Pauken sowie die unvorstellbare Zahl von neun Schlagzeugern. Ein großes Symphonieorchester hat normalerweise gerade mal vier Schlagzeuger in seinen Reihen. Ein solcher Aufwand ist völlig neu und weist deutlich darauf hin, dass diese Musik mit Geräusch verbunden ist. Dabei fallen unter den Instrumenten einige Besonderheiten auf: Rasseln, Schellen, Kastagnetten, das Löwengebrüll, ein chinesisches Crashbecken und der Klang von Sirenen werden verlangt, außerdem jede Menge kleiner und großer Trommeln, Triangel, Tamburin und Peitsche, Becken und Gongs. Das sind die Ingredienzien für einen ganz neuen Sound. Insgesamt ein Riesenorchester von 122 Spielern, das kaum auf eine herkömmliche Bühne passt, dafür aber sehr wohl in der Lage ist, einen ordentlichen Lärm zu veranstalten.

Leise beginnt es. Die Altflöte mit ihrem eigentümlich zerbrechlichen Klang eröffnet das Stück, begleitet von Harfen.

Natürlich spielt sie so etwas wie eine Melodie. Aber in der Musik von Edgard Varèse gibt es keine Kantilene, keinen Gesang. Die Melodie, wenn wir sie denn so nennen wollen, springt zwischen einigen Tönen hin und her, die in sich kreisen, in unruhiger, suchender Bewegung. Plötzlich fährt ein Aufschrei des ganzen Orchesters dazwischen. Diese aufbrausende Heftigkeit ist typisch. Sie zieht sich wie ein roter Faden durch seine Musik. Danach der Eintritt des Schlagzeugs, mit feinen, weichen Schlägeln, eine Ahnung, noch zurückgehalten. Die Altflöte spinnt ihre Linie fort, immer wieder unterbrochen, zunächst von fernen Fanfaren der Trompeten, dann in immer kürzeren Abständen von aufgeregten Holzbläsern, pfeifenden Streichern und aufjaulenden Posaunen. Wie auf einem Ozeanriesen nähern wir uns allmählich einem Ufer, an dem das Leben tosen wird.

Die Sirene gibt das Zeichen, Zeichen der bevorstehenden Ankunft, Zeichen der Gefahr. Es wird ernst. Die ganze Gewalt des Stückes bricht aus in einem wilden, stampfenden Rhythmus, angeführt von Pauken und großer Trommel. Weitgespannte Akkorde stehen wie Säulen im Raum. Crescendi wachsen ins Unerträgliche. Manche halten sich die Ohren zu. Und immer wieder dieser typische Rhythmus, eine Art nervöses Zucken, so als sei das ganze Orchester in einen riesigen Schlagzeugapparat verwandelt. Plötzlich wird es still, die Trompeten wiederholen ihre fernen Fanfaren vom Anfang, manch folgende Passage erinnert uns in ihrer Raffinesse daran, dass Varèse ein Franzose ist. Allerdings auf dem Weg in eine neue Welt. Die schneidenden Unterbrechungen der Bläser kehren zurück, Streicher spielen unisono in höchster Lage. «Très rude» und «Sauvagement» steht dort als Spielanweisung, rau und nackt, roh und verwildert soll es klingen, damit es all seine Kraft entfalten kann.

Das Stück steigert sich in Stufen. Geschwindigkeiten wechseln häufig, kurze, prägnante Motive sind hart aneinander geschnitten. Regelmäßige Rhythmen stehen nervösen, unsteten Klangfeldern gegenüber. Gerade das Schlagzeug stiftet ständige Unruhe durch Wirbel und kleine, flinke Figuren. Dabei ist die Mischung aus rauschenden Trommeln und dunklen Fellklängen mit den hellen, durchdringenden Metallen der Schellen und Becken von besonderem Reiz.

Es sei an dieser Stelle gesagt, dass es Edgard Varèse war, der das Schlagzeug aus seinem Schattendasein herausgeholt hat. Das übliche Tschingderassabum interessiert ihn nicht. Der Schlag aufs Tam Tam zur dramatischen Untermalung oder das feine Klingeln der Triangel als hübsches Kolorit haben ausgedient. Der gesamte Schlagzeugapparat wird gleichberechtigt Streichern und Bläsern gegenübergestellt. Um das zu unterstreichen, komponiert er einige Jahre später ein Stück für 13 Schlagzeuger, das erste seiner Art. Er nennt es «Ionisation», ein Begriff aus der Chemie. Es geht in diesem Stück nur um Rhythmus und Geräusch, Tonhöhen spielen keine Rolle. Themen werden aus Rhythmen gebildet, ja so etwas wie eine Fuge gibt es dort, alles aus dem Stoff gemacht, der über so lange Zeit der Welt der Töne untergeordnet war. Dabei ist sehr wahrscheinlich, dass die Kraft des Rhythmischen die ursprünglichere, das Geräusch im Gegensatz zum Ton das ältere Phänomen ist. Gerade in dem Augenblick, da die wohlgeordnete Welt der Tonhöhen sich auflöst, meldet sich die Urkraft des Rhythmischen mit Macht zurück. Varèse hat ihr für die Moderne in der Musik den Weg gewiesen.

In «Amériques» gewinnt man den Eindruck, dass diese besondere Kraft das gesamte Orchester erfasst. Dadurch, dass Tonhöhen keine Melodien bilden, dass sie einander in sehr scharfen Dissonanzen gegenüber stehen, scheinen sie von ihren üblichen Aufgaben entbunden und wie entfesselt zu sein. Angesteckt vom gewaltigen Schlagzeugapparat entwickeln sie neue Energien, fühlen sich frei, plötzlich in extremsten Lagen und in ungewöhnlichsten Kombinationen aufzutauchen. Wenn sie in wilden Glissandi auf- und niederrauschen, kommen sie der Geräuschhaltigkeit des Schlagwerks erstaunlich nahe.

Und so pflügt das Stück wie ein riesiges Schiff vorwärts, hin und her gerissen von den Wellen eines aufgewühlten Meeres, hin und her gerissen von den Erwartungen, Hoffnungen und Befürchtungen, die eine Reise in eine neue fremde Welt auslöst. Langsam schälen sich Konturen heraus. Die einst fernen Fanfaren der Trompeten sind jetzt ganz nah und jubilieren. Eine einsame Posaune lacht schallend. Erinnerungen, inzwischen weit weg und am Horizont verschwindend, werden überdeckt und übertönt von neuen Ausbrüchen. Die Seiten der Partitur sind übersät von manischen Tonwiederholungen des gesamten Orchesters. Nach einer kurzen Beruhigung bricht sich ein Rhythmus Bahn. Darüber eine grelle Umspielung des Tones Fis durch Piccoloflöten und hohe Klarinette. Die Stelle strahlt gute Laune aus, wirkt wie ein Zitat aus früherer Zeit. Der Puls kommt ins Stocken, ein Akkord bleibt stehen. Die anderen Instrumente steigen ein, der Klang schwillt an, dann wird er nach oben abgerissen, brüsk und heftig. Aaahh-i! Unruhiges Flüstern im Schlagzeug, zunächst noch leise. Der gewaltige Ruf wird wiederholt. Einmal, zweimal, dreimal, gar ein viertes Mal. Weit hinauf heult die Sirene. Windböen fegen durch den Raum. Wir nähern uns dem Ziel. Wir biegen auf die letzte Gerade ein. Die Ankunft ist erhaben und großartig. Alles streicht, bläst und trommelt, was das Zeug hält, in wuchtigem, schreitendem Tempo. Wie eine Prozession, wie ein Zur-Schau-Stellen der eigenen, gerade frisch erworbenen Stärke. Der Schritt in die neue Welt ist geschafft, der Durchbruch gelungen. Zum Schluss überschlagen sich die Ereignisse, im wilden Presto jagt die Musik dahin, schleudert Klänge wie Gesteinsbrocken aus sich heraus. Es bebt und zittert. Das ganze Orchester findet sich zusammen auf einem letzten schreienden Akkord. Im vierfachen Forte soll er ausgehalten werden, Trompeten, Hörner und Posaunen mit erhobener Stütze, sich steigernd bis zum Äußersten, lange, noch länger, bis zum Platzen. Schon beim Blick in die Partitur spürt man dieses finale Aufbäumen, diese noch einmal überbotene Intensität wie eine ultimative, übermenschliche Anstrengung. Mehr geht nicht. Es ist die lauteste Stelle, die ich kenne.

Edgard Varèse hat sich selbst als Romantiker gesehen. Das mag überraschen, stellen wir uns doch bei dem Wort Romantik etwas ganz anderes vor als diese kühne, kompromisslose Musik. Doch bedeutet romantische Gesinnung eigentlich die Sehnsucht nach einer Fantasie ohne Grenzen, nach der Sprengung aller in uns angelegten Hindernisse auf dem Weg zu neuen, ungeahnten Erfahrungen. Varèse folgt dieser Tradition und hat sie wie kein Zweiter verkörpert. Er ist bereit, dafür den Preis zu zahlen, als Mensch und als Künstler. Er riskiert die größte Einsamkeit, um allein mit sich und der Welt sein Universum zu erkunden. Wie ein heimatloser Wanderer folgt er unbegangenen Pfaden und stößt in Regionen vor, in die ihm nur wenige zu folgen vermögen. Es ist eine karge, zerklüftete Landschaft, die uns von den Urkräften des Lebens erzählt.

Ein zweites Werk für großes Orchester trägt den Titel «Arcana». Das Wort stammt aus dem Lateinischen und bezeichnet die geheimen Wissenschaften. Dem Stück ist ein Zitat von Paracelsus vorangestellt:

Es existiert ein Stern, höher als alle anderen. Das ist der Stern der Apokalypse. Der zweite Stern ist der des Aszendenten. Der dritte ist jener der Elemente, von denen es vier gibt. Also sind insgesamt sechs Sterne festgestellt. Darüber hinaus existiert noch ein anderer Stern, der die Vorstellungskraft symbolisiert, die wiederum einen neuen Stern und einen neuen Himmel hervorbringt.

Die Erkenntnisse eines weisen Alchemisten, rätselhaft und geheimnisvoll. Die Musik dagegen klingt nicht so, wie man erwartet. Sie birgt wenig Mysteriöses. Im Gegenteil, sie kommt von Anfang an sehr direkt und kraftvoll daher. Die Besetzung ist ähnlich groß wie bei «Amériques». Varèse kann also aus dem Vollen schöpfen. Dabei scheint er in der Wahl seiner Mittel sicherer, weniger suchend. Es gibt sogar eine Art Leitmotiv, das zu Beginn prominent vorgestellt wird. Zwei aufsteigende Tonschritte im Bassregister, in immer neuen rhythmischen Varianten. Das Orchester klingt wie ein riesiger E-Bass, der mit seinem Groove die Musik vorantreibt. Die Gesten sind klarer, die Abschnitte deutlicher geordnet. Das Wilde scheint gebändigt, ohne an Intensität, an explosiver Energie verloren zu haben. Alles ist knapper, zugespitzter, im Klang noch offener, ungeschützter. Der neue Himmel spannt sich weit, der neue Stern zieht seine Bahn. Wir hören und staunen. Und hoffen, dass die Imagination noch weitere seltene Blüten treibt.

Sie tut es, wenn auch spärlich. Edgard Varèse hat insgesamt zwölf Stücke hinterlassen. Sie dauern zusammen nicht viel länger als zwei Stunden. In diesen zwei Stunden sind musikalische Energien derart miteinander vermischt, dass sie quasi zu Dynamit verschmelzen, leicht entzündbar und voller Sprengkraft. Klangmasse wird in einer Weise verdichtet, dass sie uns förmlich ins Gesicht springt. Varèse hört in das Innere der musikalischen Materie, er durchdringt ihre Oberfläche und schält den bloßen Kern heraus, er bricht die Hülle auf, in der Musik geborgen ist, er spaltet Klänge und setzt damit Kräfte frei, die wir bisher nicht kannten. Was früher reines Beiwerk war, um uns die Form eines Stückes zu verdeutlichen, rückt jetzt ins Zentrum des Geschehens: die Dynamik. Damit ist im weitesten Sinne die Welt der Lautstärke gemeint. Aber vor allem: wie einzelne Lautstärken zueinander stehen, ob sie heftig aufeinander prallen, ob sie allmählich ineinander übergehen, ob sie sich scharf aneinander reiben oder miteinander in Beziehung geraten. Wie breit überhaupt die Palette der unterschiedlichen Lautstärken ist, ob es eine gemeinsame oder eine innerhalb des Geschehens variable gibt. Der Möglichkeiten sind unendliche. Varèse setzt verschiedenstes klangliches Material ein, um es ähnlich einem physikalischen Vorgang miteinander in Reaktion zu bringen. Dadurch entsteht Bewegung, dadurch entsteht Dynamik. Je mehr gleichzeitig passiert, um so vielfältiger wird der dynamische Prozess. Je größer die verwandte Menge, um so heftiger die daraus resultierenden Explosionen. Je ausgewählter die beigefügten Stoffe, um so greller die Farben, um so brisanter das entstehende Gemisch. Seine Stücke erinnern an gefährliche Versuche, an aufregende Experimente. Vorsicht ist angebracht. Der Ausgang offen. Schutzbrille unbedingt erforderlich.

Varèse ist sich und seinem Komponieren ein Leben lang treu geblieben. Noch im hohen Alter von 68 Jahren schreibt er «Déserts», das 1954 bei seiner Uraufführung im Théâtre des Champs-Élysées in Paris einen beispiellosen Skandal hervorruft. Da dieses Konzert im französischen Rundfunk übertragen wurde, kann man sich die Tumulte heute noch anhören. In «Déserts» wechseln sich instrumentale Teile mit Tonbandklängen ab. Varèse war auch auf dem Gebiet der elektronischen Musik ein Pionier und wagte es als Erster, künstlich hergestellte Klänge in ein Konzertstück zu integrieren. Das muss das Publikum ungeheuer schockiert haben. Doch nicht nur das. Die äußerst karge, unversöhnliche Sprache seiner Musik provozierte damals wie heute.

Wie viele große Komponisten hat Edgard Varèse sehr gelitten unter der Ablehnung, die seine Musik erfahren hat. Aber er hat sie und seine Position sehr eindrucksvoll verteidigt. Darum möchte ich ihn zum Schluss selbst zu Wort kommen lassen:

«*Wir leben in einem ungewöhnlichen Zeitalter. Wir nehmen Musik über die Luft durch das Radio auf, wie es sich im Zeitalter von Bach und Wagner niemand vorstellen konnte. Modern zu sein heißt natürlich sein, den Geist seiner eigenen Zeit zu interpretieren. Ich kann Ihnen versichern, dass ich nicht krampfhaft das Ungewöhnliche suche. Für mich ist mein Stück die Äußerung eines Musikers, der in seiner eigenen Epoche lebt und schafft.*»

Er stirbt am 6. November 1965 im Alter von 81 Jahren in New York. Seine Asche wird auf seinen Wunsch hin in alle Winde zerstreut. Seine Musik ist aus Granit. Sie wird bleiben.

Das meiste dessen, was wir hören, sind Geräusche. Unstrukturierte Klänge. Keine Töne. Die sind ein Sonderfall. Ein Ton hat eine regelmäßige Schwingung. Das ist keine Selbstverständlichkeit. Es ist die Ausnahme in einer Welt, die ständig Schall um sich verbreitet. Denn überall dort, wo etwas in Bewegung ist, bewegt sich auch die Luft, entstehen Wellen, die sich ausbreiten. In uns selbst beginnt es, beim Atmen, beim schlagenden Herz.

Geräusch

Wir schrecken auf, mitten in der Nacht. Wir haben ein Geräusch gehört. Eine fallende Tür, Schritte, knarrendes Holz. Warnzeichen allemal. Wir sind hellwach, nichts entgeht uns und dem feinsten Sinn, den wir haben. Der uns lange Zeit in der Wildnis das Überleben sicherte. Achten wir ihn. Er hat uns immer etwas mitzuteilen.

Es gibt Geräusche, die uns sehr gut gefallen, das Knistern des Feuers, das Rauschen der Bäume im Wind oder das leise Plätschern eines Baches. Diese Phänomene bestehen genau genommen aus einer Summe von Geräuschen, die wir im Einzelnen nicht wahrnehmen. Wir fassen sie zusammen zu einem Kontinuum. Sie haben etwas Beruhigendes. Sie klingen parallel zur vergehenden Zeit, sie bilden sie ab. Wir fühlen uns in ihnen aufgehoben. Als ein Teil davon. Es gibt für mich nichts Schöneres, als den Klängen des Meeres zu lauschen. Das seit Millionen von Jahren an die Küsten schlägt. In Wellen, immer neuen, unaufhörlich anbrandet, bis Felsen ausgehöhlt und Steine zu feinem Sand geschliffen sind.

Zwischen Ton und Geräusch gibt es einen fließenden Übergang. Man kann versuchen, alles nach Tönen abzuhorchen, was uns umgibt. Gurrende Tauben, Kindergeschrei, surrende Motoren, Pfeifkonzert, klappernde Teller und leises, bitteres Weinen. In jedem Geräusch ist auch ein Ton versteckt, verbirgt sich eine Lage im weiten Spektrum dessen, was wir hören können. Und eine Mitteilung, ein Sich-zu-Hause-Fühlen. Der Raum um uns herum beschreibt sich auch im Klingen.

Der menschliche Schrei ist seinem Wesen nach ein Geräusch. Ein Vielklang, der uns deshalb so aufschreckt, weil er mehrere widerstreitende, mit sich ringende, sich aneinander reibende Töne enthält. Einer allein würde niemals ausreichen. Eine extreme Form der Äußerung, als Freudenschrei, als Todesschrei, in Schmerz, Not und Ekstase.

Es gibt Geräusche, bei denen sich uns die Haare sträuben, die wir nicht ertragen. Das Quietschen des Löffels im Teller, das Kratzen an der Schiefertafel, Fingernägel auf Glas. Die uns körperlich angreifen, uns schaudern machen, die uns schütteln, uns treffen bis ins Mark. Eine unheimliche Kraft, die vielleicht Urerlebnisse heraufbeschwört. Schwer, sich dagegen zu wehren.

Die Welt der Geräusche ist unendlich. Sie birgt die große Freiheit, sie fasst das ganze Leben. Man könnte Angst bekommen. Vielleicht ist das der tiefere Grund, warum Musik so lange auf sie verzichtet hat. Die reine, gleich bleibende Schwingung war das Ziel, ewiger Harmonie galt alles Streben. Geräusche schienen allzu irdisch, zu gewöhnlich, unsauber, ungeordnet, störend. In dem Maße, wie der schöne Schein sich überlebt, wie die heile Welt zerbricht, gewinnt das Geräusch an Bedeutung. Als Spiegel dessen, was tatsächlich ist. Als tönende Wirklichkeit eines industrialisierten Lebens. Als wahrer Kern jeder Schwingung, die uns umgibt.

Parallel dazu wächst der Schlagzeugapparat im Symphonieorchester. Neben Glocken, Gongs und antiken Zimbeln, Vibra-, Marimba- und Xylophon, nimmt die Zahl der geräuschhaltigen Instrumente zu: große und kleine Trommeln, türkische und chinesische Becken, Rasseln, Ratschen, Guero, Kastagnetten, die Peitsche und das Tamburin, Tomtoms, Bongos und Holzblöcke. Letztere sind stimmbar, ihr Geräuschanteil ist hoch, aber ein Ton schwingt mit. Amboss und Schellen, Flexaton und Donnerblech, Bambusspiel, Maracas und das Löwengebrüll sind weitere Exoten.

Die Tam Tams sind ein Sonderfall. Metallene Scheiben, an Ständern aufgehängt. In ihnen verbirgt sich eine ganze Welt von Klang. Viele Frequenzen, die sich mischen. Sie schwingen lange nach. Streicht man sie mit einer Papprohre in einem bestimmten Winkel an, kann man sie auch zum Schreien bringen. Ein Urlaut steckt in ihnen. Ein ritueller Ton. Ich liebe ihn besonders.

Helmut Lachenmann, ein deutscher Komponist, versucht in seiner Musik, auch den übrigen Orchesterinstrumenten reine Geräusche zu entlocken. Entdeckt dabei eine fantastische Welt von Klängen, die auf einem Streichinstrument erzeugt werden können. Er hat sie selber ausprobiert und kann sie vormachen. Sie müssen mit größter Sorgfalt ausgeführt werden. Dann kann ein tonloses Streichen auf dem Steg, auf den Wirbeln oder am Korpus entlang von einer besonderen Schönheit sein. Es gibt andere Effekte, bei denen man den Ton nur ahnt, aber nicht hört. So als pfeift man zwischen den Zähnen. Im Grenzbereich zwischen Geräusch und Ton. Ein faszinierendes Gebiet.

Ich erinnere mich gut. Ich war der künstlichen Welt der Interpretation entronnen, ich war im Jetzt, dort wo es um das Herstellen von Musik geht, die noch gar nicht gelebt hat. Um das Handwerkliche, um das Ermöglichen: das neueste Werk von Helmut Lachenmann: «Mouvement – vor der Erstarrung». Für das Ensemble Modern geschrieben. Es waren meine ersten Schritte zum Dirigieren hin. Ich durfte mit Bläsern und Schlagzeug probieren. Genaues Studieren der Anweisungen, der Zeichen, der so genannten Legende. Töne sind die Ausnahme. Stattdessen alle Arten von Geräuschen, präzise ausgedacht und beschrieben. Durch Trompeten und Klarinetten wird hindurchgeblasen wie durch einen Schlauch. Winde entstehen, ganze Windmaschinen. Trommeln werden gerieben, Holzkanten mit Bögen gestrichen. Ausgangspunkt ist Luft, ist Atem, das Fehlen jeglichen Tons. Nur ab und zu und dann mit Macht brechen Klänge hervor. Darunter brodelt pochende Bewegung. Alle Instrumente werden angeschlagen. Mit der Hand, mit dem Bogenfrosch, mit umgekehrten Schlägeln; auf Mundstücke, auf Kessel, auf Stege. Das Ganze ist höchst virtuos und voller Tempo. Richtig fetzig. Auch wenn es gegen Schluss erstarrt, wie angekündigt. Wir arbeiten zehn Tage lang. Es wird ein Knüller, ein richtiger Hit. Ich durfte dabei sein, als es entstand.

Die Italiener Luigi Russolo und Filippo Tommaso Marinetti führen Anfang des 20. Jahrhunderts das Alltagsgeräusch in die Musik ein. Fabriklärm, Motorengeknatter, Flugzeugpropeller. Schluss mit bella voce, Schluss mit dem reinen, blühenden Ton. Hinein in die moderne Welt, hinein ins Morgen. Sie nennen sich Futuristen. Sie verfassen Manifeste. Sie erfinden ein Instrument für die Zukunft: das «Russolophon», ein Rumorharmonium, eine Lärmorgel. Die hätte ich gern einmal gehört. Aber es gibt sie nicht mehr. 1929 erlebt sie in Paris ihren letzten Auftritt. Nach dem Zweiten Weltkrieg wird dort die musique concrète geboren. Sie benutzt das Tonband und vermeidet jeden wohlgeformten Klang, verwendet nur Geräusche aus dem Leben, ganz direkt. Aus Alltag wird Musik gemacht.

Von jetzt an wird in elektronischen Studios gearbeitet. Mit Tonband und Sinusgeneratoren. Sie sprießen in ganz Europa wie Pilze aus dem Boden. Genau der richtige Ort, um die Musik neu zu erfinden. Der alte Wunsch nach einem eigenen Instrument geht endlich in Erfüllung. Der Übergang zwischen Ton und Geräusch ist fließend. Jede Stufe zwischen ihnen herstellbar. Der Komponist als Schöpfer seiner eigenen Welt. Musiker werden nicht mehr gebraucht. Ihre Instrumente aussortiert. Zum alten Eisen geworfen. So scheint es jedenfalls. Aber man hat die Rechnung ohne den Wirt gemacht. Das Publikum hat keine Lust, sich Musik in dunklen Räumen aus Lautsprechern anzuhören. Ohne etwas zu sehen. Mit Kino kein Vergleich. Es will zuschauen, wie die Musik entsteht. Wie sie erzeugt wird.

Doch die neue Klangwelt ist nicht mehr wegzudenken. Das Geräusch hat seinen Platz erobert. Und gibt ihn nicht mehr ab.

Andreas Boettger war Schlagzeuger beim Ensemble Modern und fragte mich so nebenbei, ob ich Lust hätte, mit ihm ein Stück von Karlheinz Stockhausen zu spielen. Ich dachte nicht lange nach und sagte ja, nicht ahnend, worauf ich mich einließ. Zunächst bekam ich Post. Eine kleine Kassette und eine große Partitur. Es handelte sich um ein Stück für elektronische Klänge, Schlagzeug und Klavier mit dem Titel «Kontakte». Eine Komposition mit Tonband also. Ich konnte kaum erwarten zu erfahren, was da drauf war. Hinein in den Recorder und auf play gedrückt. Hörte Unglaubliches, Verwirrendes. Schwer zu beschreiben. Klangtrauben, dröhnende Schläge, bewegte Flächen in allen Registern. Glockenartiges, irrwitzig schnelle Figuren, Geplapper, rauschende Kaskaden. Kreischendes, Pfeifendes, Brummendes, Knarrendes.

Karlheinz Stockhausen

Ich versuchte, zunächst vergeblich, die Partitur mitzulesen. Die Musik auf dem Band war graphisch dargestellt. Balken, Fähnchen, Punkte, schraffierte Felder, wellenartige Abbildungen, Symbole, die wie Windhosen aussahen, und überall Zeitangaben, auf die Zehntel genau, über die Dauer der Ereignisse. Ich würde jede Sekunde kennen müssen, das war klar. So als wollte ich einen Film synchronisieren. Im Klavierpart fand ich herkömmliche Notenlinien, aber kein Metrum, keine ausgeschriebenen Rhythmen, alles war räumlich dargestellt. Nur im Verhältnis zum Tonbandgeschehen wurde klar, wie viel Zeit ich jeweils hatte. Alles hing zusammen. Technisch schien es mir nicht so schwer. Cluster musste ich üben, nicht nur mit der Faust, sondern auch mit dem ganzen

Unterarm. Das hatte ich noch nie gemacht. Außerdem waren zusätzliche Instrumente gefordert, Woodblocks und Kuhglocken, Bambus und Schellen, Trommel und Becken. Ich musste lernen, mein Klavierspiel mit Schlagzeugaktionen zu koordinieren. Um es zu üben, stellte ich sie um mich herum auf, saß wie in einer kleinen Burg. Das Stück begann mir Spaß zu machen. Nach einigen Wochen der Vorbereitung trafen wir uns zur ersten Probe.

Es wurde ein langer Weg. Andreas kam mit einem Kleinbus angefahren. Sein Instrumentarium war dementsprechend. Wir brauchten einen großen Raum. In einigem Abstand bauten wir uns auf. Wie zwei Festungen standen wir einander gegenüber. Auf halber Strecke zwischen uns zwei riesige Metallscheiben für den Höhepunkt des Stückes, wenn beide Spieler sich in der Mitte zu einem Duell an den Tam Tams treffen. Aber an Spielen war vorerst nicht zu denken. Wir mussten lernen, das Tonband auf eine gemeinsame Weise zu hören. Mit ihm zu atmen, seine Impulse, seine Signale ganz in uns aufzunehmen. Das kostete enorm viel Zeit. Es war wie das Entschlüsseln eines Rätsels. Wir wurden immer tiefer hineingezogen in eine neue faszinierende Welt.

Stockhausen ist nach dem Zweiten Weltkrieg einer der Ersten, die sich mit elektronischer Musik beschäftigen. Er tut es auf seine eigene, besondere Weise. Geht von herkömmlichen Klängen aus, von Klängen, die uns bekannt sind. Im «Gesang der Jünglinge» zum Beispiel von einer Knabenstimme. Sie singt inmitten einer künstlichen Klangwelt zum Lobe Gottes. Stockhausen sagt, sie werde wieder magisch. Umgekehrt lässt sich der Komponist von der menschlichen Stimme anregen. Er bettet sie ein in ein Klangkontinuum zwischen Sinuston und weißem Rauschen. Zwischen der einzelnen, reinen Schwingung und allen, sich gegenseitig überlagernden Frequenzen.

In «Kontakte» sind es Metall-, Holz-, Fell-, Klavierklänge

und -geräusche, die wie vertraute Verkehrszeichen in neuen Klanglandschaften wirken. Damals steckt die Elektronik noch in den Kinderschuhen. Klänge können nicht einfach über Display abgerufen, sondern müssen in mühsamer Kleinarbeit hergestellt werden. Stockhausen hat mir erzählt, wie er jeden Klang im Studio einzeln produzierte. Für die «Kontakte» klopfte er gegen verschiedene Materialien: Holz, Fell und Metall, nahm es auf und beschleunigte es so lange, bis daraus Töne, Klänge oder Geräusche wurden.

Wie ist das möglich? Jeder Ton hat eine gleichmäßige Schwingung, die in Hertz (gleich Schwingung pro Sekunde) gemessen wird. Ein Hertz wäre demnach noch ein Pochen im Tempo des Sekundenzeigers. Wird dieser Puls beschleunigt, kommt ein Punkt, an dem die einzelnen Impulse so dicht aufeinander folgen, dass wir sie nicht mehr auseinander halten können. Das Ohr fasst sie stattdessen in einer Tonhöhe zusammen. Das geschieht etwa bei 20 Hertz. Ist der Puls, von dem wir ausgehen, nicht regelmäßig, entstehen Geräusche. Rhythmus und Klang sind also Ergebnis eines Phänomens, der Schwingung. Ähnlich dem Vorgang, wenn unser Auge einzelne bewegte Bilder ab einer bestimmten Geschwindigkeit als Film wahrnimmt.

So werden aus Klopfzeichen ungehörte Klangwelten. Durch die Verschiedenheit der benutzten Materialien Holz, Fell und Metall entsteht eine große Vielzahl von Klängen, die aber miteinander verwandt bleiben, aufgrund ihrer Herkunft. Das ist für mich immer wieder faszinierend an der elektronischen Musik von Stockhausen. Er macht sozusagen die Pasta für seine Spaghetti selbst. Und das kann man hören. Nicht zu vergleichen mit den synthetischen Klängen von heute.

Zurück zum Stück. Wir stellten fest, dass die Qualität unserer Instrumente nicht ausreichend war. Kuhglocken und Woodblocks mussten genau gestimmt werden, die Schellen aus Indien, die Tam Tams aus China sein. Das Bambusspiel war gar nicht brauchbar, wir haben es selbst gebaut: ein Bündel von kurzen Bambusstangen, einzeln aufgehängt an Bindfäden, das man mit beiden Händen zusammenschlägt. Es tönt erfrischend hell, wie ein leichter Regen, und ist gemeinsam mit dem silbrigen Sirren der indischen Schellen mein Lieblingsklang. Jetzt mussten wir unser Zusammenspiel üben. Es gibt viele Stellen, an denen die musikalische Gestalt nur durch die Interaktion zwischen Schlagzeug und Klavier deutlich wird, an denen sich beide in kurzen Abständen musikalisch die Bälle zuwerfen. Wie ein Instrument, von zweien gespielt. Diese Passagen wiederholten wir, bis wir sie im Schlaf beherrschten. Es war die Voraussetzung dafür, das richtige Timing für das Tonband zu finden.

Wir stürzten uns in das Abenteuer, den instrumentalen und elektronischen Teil übereinander zu bringen. Wahrlich kein leichtes Unterfangen. Zunächst konnten wir nur kurze Strecken überstehen. Immer wieder mussten wir die Kassette stoppen und zurückspulen. Sie war unbestechlich. Fehler konnten nur von uns gemacht werden. Nach unzähligen Proben fühlten wir uns schließlich dazu bereit, einen Durchlauf zu wagen. Er fand in einem Wohnzimmer statt, vor Freunden des Ensembles, und kam gut an. Um in einem größeren Saal zu spielen, brauchten wir unbedingt einen Helfer: einen Klangregisseur, der nicht nur die vier Spuren des Tonbandes über mehrere Saallautsprecher aussteuert, sondern auch die von uns produzierten Klänge verstärkt und den elektronischen beimischt. Mit ihm ließen wir die akustische Welt der Klassik weit hinter uns und tauchten ein in den Rausch hoher Dezibelzahlen. Wir fühlten uns wie eine Rockgruppe, bärenstark.

Stockhausen ist einer der großen Pioniere der elektronischen Musik. Seine Platten werden in England unter der Sparte Pop verkauft, und so manche berühmte Band hat sich besondere Effekte beim großen Meister abgelauscht. Wer Pink Floyd oder The Mothers of Invention liebt, wird sich auch in den Klängen von Stockhausen zurechtfinden. Für mich war die Begegnung mit seiner Musik eine unvergessliche Erfahrung. Sie geht durch den ganzen Körper. Übertriebener Feinsinn ist fehl am Platz. Kraft, Präzision und Wagemut sind hier gefragt. Es gibt ein objektives Maß, nämlich das Tonband. Ohne elementare musikalische Eigenschaften wie gutes Gedächtnis und Gefühl für Zeit ist diese Aufgabe nicht zu bewältigen. Dass ich es schaffen konnte, gab mir ungeheures Selbstbewusstsein. Endlich war ich in einer Welt, in der Fachsimpelei über Ausdruck nichts zählte. Es ging um Wirkliches, Nachprüfbares. Es war wie eine Befreiung.

Nach einigen Aufführungen fühlten wir uns sicher genug, Stockhausen selbst vorzuspielen. In Köln, in der Musikhochschule. Natürlich waren wir ziemlich nervös, als er tatsächlich kam. Hatten sehr viel Respekt vor dem großen Mann. Er aber schaffte sofort eine entspannte Atmosphäre. War äußerst freundlich, prüfte zunächst all unsere Instrumente, hörte aufmerksam zu, lobte und tadelte, war insgesamt so angetan, dass er uns aufforderte, mit ihm zusammenzuarbeiten. Stockhausen hat sich die Musiker für seine Werke immer sehr sorgfältig ausgesucht. Es war also eine besondere Auszeichnung. Wir schwebten auf Wolke sieben. Er lud uns ein, mit ihm und seinen beiden Söhnen eine neue Fassung der «Hymnen» zu entwickeln.

«Hymnen» ist das längste seiner elektronischen Stücke. Es entsteht Ende der sechziger Jahre und dauert fast zwei Stunden. Wie der Titel schon andeutet, spielen Nationalhymnen aus aller Welt eine entscheidende Rolle. Natürlich werden sie nicht feierlich nacheinander abgespielt, sie erscheinen und verschwinden innerhalb eines Klangflusses, der sich über weite Strecken aus einem Kurzwellensender speist. Stockhausen war fasziniert von den Klängen kurzer Radiowellen. In ihnen kann man der Welt zuhören. Wer jemals auf dem 49-Meter-Band nach einem Sender gesucht hat, wird das sofort nachvollziehen können. Gerade zwischen den belegten Frequenzen klingt es wie elektronische Musik mit all dem Gezische und Gepfeife. Für Stockhausen eine besondere Herausforderung, diese Klangwelt mit der seinen zu verbinden.

Das Stück besteht aus vier Regionen, in denen bestimmte Hymnen jeweils eine herausragende Rolle spielen. Zunächst die Internationale und die Marseillaise, gefolgt von der bundesdeutschen plus einer Gruppe afrikanischer Hymnen, dann die russische, die amerikanische und die spanische, schließlich die der Schweiz und eine, die dem utopischen Reich der *Hymunion* in der *Harmondie* unter *Pluramon* zugehört. Sie steht am Schluss der Komposition. Dazu kommen Alltagsdokumente, Klänge aus dem wirklichen Leben, Gesprächsfetzen, Manifestationen, Staatsempfänge. Alles das wird durch eine elektronische Musik miteinander verbunden, die geprägt ist von einer tatsächlich grenzenlosen Fantasie. In dem Versuch, die Nationalhymnen dieser Welt musikalisch miteinander zu versöhnen, ist es ein bewegendes Dokument.

Besonders in Erinnerung geblieben ist mir die Stelle, an der unsere Hymne angestimmt wird: «Einigkeit und Recht und Freiheit für das deutsche Vaterland». Auf «land» bleibt die Musik stehen, auf der Dominante, auf dem Ton A, der dann quälend langsam auseinander gezogen wird wie ein Kaugummi, nach oben und nach unten, bis eine Oktave auf Es erreicht ist. Aus einem Deutschland werden zwei. Später ertönt im Hintergrund das Horst-Wessel-Lied. Man erschrickt. Ist das nicht verboten? Schweigen. Dann ein genialer Schachzug. Ein Studiogespräch zwischen Stockhausen und seinem Tontechniker bei dem Versuch, folgenden Satz aufzunehmen: «Otto Tomek sagte, das mit dem Horst-Wes-

sel-Lied, das gibt böses Blut, aber ich meinte es gar nicht so.»
Sie scheitern, Stockhausen verspricht sich, dann ist die Betonung falsch, er versucht, den Satz umzustellen, Ratlosigkeit, Scheiße. Die Dokumentation dieser Szene erzählt mehr über uns Deutsche als manche große Abhandlung.

Aufführungen von reiner Tonbandmusik gestalten sich erfahrungsgemäß schwierig. Säle werden verdunkelt wie im Kino, Lautsprecher magisch angestrahlt, und doch will sich nie die Atmosphäre eines Konzertes einstellen. Stockhausen entschied deshalb, dem rein elektronischen Teil einen instrumentalen, quasi theatralischen Teil hinzuzufügen, der auf der Bühne gleichzeitig zu erleben ist. Deshalb erarbeitete er mit uns eine Live-Improvisation zum Tonband der «Hymnen». Ich erinnere mich gut daran, wie schwer es mir fiel, unter den Ohren des Meisters etwas auf dem Klavier zu spielen, das nicht ausdrücklich komponiert war. Ich war im Improvisieren nicht gerade geübt. Aber er war geduldig. Er wünschte sich, dass wir Vorgänge auf dem Band unterstrichen, hervorhöben oder auch kommentierten. Wir versuchten es. Mir wäre doch lieber gewesen, einem eindeutigen Notentext zu folgen. Trotzdem bleibt es mir unvergesslich. Stockhausen bei seiner Arbeit zu erleben, ist ein Privileg. Immer hochkonzentriert und immer mit Freude und Begeisterung. Er lebt für seine Musik, für sein Werk, von morgens bis abends. Mit äußerster Hingabe und großer Ernsthaftigkeit. Dazu gehört auch sein herrlich rheinischer Humor, wie er selbst in den «Hymnen» hie und da durchblitzt. «Faites votre jeu, messieurs dames», heißt es da plötzlich, und man wähnt sich in einem Casino. «Rien ne va plus.»

So wie er jeden Ton seiner Musik kennt, so weiß er auch alles über ihre Umsetzung. Mikrophone und Lautsprecher sucht er selbst aus, die Verlegung der Kabel überwacht er persönlich. In seinen Partituren, die er inzwischen selbst verlegt, finden sich seitenweise Erklärungen über die eigentlichen Vorbereitungen, bevor man sich mit der Musik beschäftigen darf. Besonders wichtig ist ihm die Beschallung des Raumes, in dem er gerade arbeitet. Eigentlich darf zwischen seinen Proben nichts anderes stattfinden, um die einmal erarbeitete Atmosphäre nicht leichtfertig zu zerstören. Lautsprecher müssen in einem ganz bestimmten Winkel zum äußersten Platz einer ausgesuchten Reihe zeigen. An alles ist gedacht, alles durchdacht. Dabei bleibt er doch immer freundlich gegen jedermann, einfache Helfer und Putzfrauen eingeschlossen. Er liebt seine Arbeit, die des Klangregisseurs, er hat sie eigentlich erfunden. In den Stücken, in denen Elektronik beteiligt ist, wird alles verstärkt. Dann thront Stockhausen in der Mitte des Saales hinter seinem Mischpult. Jedes Mikrophon wird mit großer Sorgfalt aufgestellt. Jedes Instrument bekommt seinen eigenen Soundcheck, so lange, bis auch das feinste Detail eingestellt ist. Während der Aufführung überwacht der Klangregisseur ständig die Qualität des Gesamtklanges. Ein Dirigent, wenn überhaupt, wird nur noch zur Koordination gebraucht. Gut möglich, dass so die Zukunft aussieht.

Ich habe einige Jahre mit Stockhausen zusammengearbeitet. Es war eine schöne Zeit. Eines Tages forderte er mich auf, mich zu entscheiden, ob ich weiter bei ihm bleiben wolle, das sei im Grunde wie Heiraten. Ich bekam kalte Füße und sagte nein. Er erwartete die gleiche Hingabe an sein Werk, die er selbst jeden Tag zeigte. Das konnte ich nicht. Es gab doch noch so viel andere Musik. Trotzdem habe ich ihn immer bewundert. Er gehört zu den größten Persönlichkeiten, denen ich in meinem Leben begegnet bin. Es ist mir unverständlich, dass das Land, in dem er lebt, sich nicht auseinander setzt mit seinem Werk und einem Lebensentwurf, der seinesgleichen sucht. Dass es zulässt, wie man über ihn herfällt, und ihn nicht schützt, wenn er bei Nacht und Nebel aus einer deutschen Stadt geworfen wird, weil er zum ungünstigsten aller Zeitpunkte etwas Unbedachtes gesagt hat.

Ich kenne ihn anders. Als äußerst großzügigen, hilfsbereiten und immer positiv gestimmten Menschen. An einem Wochenende besuchte ich ihn in seinem Haus in Kürten. Es ging mir nicht gut. Ich hatte den Gang durch die Institution Oper angetreten, kämpfte mit all ihren Widerständen, glaubte, mit meiner Kraft am Ende zu sein, zweifelte an allem. Stockhausen wusch mir den Kopf, fand, dass ich übertrieb. Er baute mich innerhalb kürzester Zeit wieder auf. Zeigte mir sein Werk, sein Leben, sprach von der Zukunft. Als ich sein Haus verließ, fühlte ich mich wie neugeboren. Er hatte mich teilhaben lassen an seiner schöpferischen Kraft. Ich wusste wieder, wofür ich lebte, für die Musik, er hatte mir den Glauben an sie und an mich zurückgegeben. Ich werde das nicht vergessen.

Sein Werkkatalog ist gewaltig. Schon einzelne Titel verraten, dass es um Wesentliches geht: «Gruppen», «Carré», «Momente», «Mixtur». Immer nur ein Wort, so und nicht anders. Die meisten seiner Werke sind bahnbrechende neue Erfindungen, in «Gruppen» spielen drei Orchestergruppen mit drei Dirigenten in drei verschiedenen Zeitabläufen, in «Carré» kommen zu den vier Orchestern noch vier Chöre hinzu. «Momente» für Solosopran, vier Chorgruppen und 13 Instrumentalisten ist eine offene Komposition ohne eindeutigen Anfang, ohne festgelegten Formablauf und ohne bestimmtes Ende. In «Mixtur» werden die Klänge von fünf Orchestergruppen in Ringmodulatoren mit Sinustönen gemischt und als solche über Lautsprecher zum tatsächlichen Orchesterklang hinzugefügt. Dann Stücke, die er mit seinen engsten Freunden erarbeitet: «Mikrophonie I»; «Prozession»; «Kurzwellen». Partituren bestehen nicht mehr aus Noten, sondern aus Symbolen und Anweisungen, der Ablauf ist frei und wird von den Musikern bestimmt. Und

«Stimmung» für sechs Vokalisten, Obertongesang wie bei den Mönchen in Tibet. Über weite Strecken hören wir einen Dur-Akkord mit Septime und None über B hinein, die Zeit scheint aufgehoben. Schließlich «Aus den sieben Tagen». Das sind kurze Texte, durch deren Einstimmung Musik von allein entstehen soll, zum Beispiel: «Spiele einen Ton mit der Gewissheit, dass du beliebig viel Zeit und Raum hast.» Stockhausen nennt das *intuitive Musik*.

«Mantra» für zwei Pianisten beruht laut Titel auf grundlegenden und wesentlichen Tonformeln, die uns nach indischem Glauben mit einer entsprechenden Bewusstseinsebene unmittelbar in Verbindung setzen können. «Sternklang» ist eine Parkmusik für fünf Gruppen von Sängern und Instrumentalisten, bestimmt für die Vorbereitung auf Wesen von anderen Sternen und ihre Ankunft. In «Inori» wird alles aus einer Urgestalt, Formel genannt, entwickelt: die Großform, der Rhythmus, selbst Lautstärken- und Temporeihen werden daraus abgeleitet. Zwei Tänzermimen führen abstrakte und aus verschiedenen Religionen stammende Betgesten in direkter Entsprechung zur Musik aus. Für jedes Sternbild im Zeichen des «Tierkreis» hat Stockhausen eine Melodie geschrieben, die in verschiedenster Besetzung aufgeführt werden kann. Es gibt sie auch als Spieluhren, die in der Schweiz hergestellt werden. Seine letzte große elektronische Musik gilt «Sirius», der Zentralsonne unseres lokalen Universums, von der nach dem Glauben der alten Griechen das Leben auf die Erde kam. Seit Ende der siebziger Jahre beschäftigt er sich mit dem «Licht»-Zyklus, einem Mammutwerk von sieben Opern, den sieben Tagen der Woche gewidmet. Dabei entstehen eine große Menge einzelner Szenen, die auch eigenständig aufgeführt werden können, etwa «Michaels Reise um die Erde» oder «Luzifers Tanz». Diese Aufzählung kann nur einen kleinen Einblick in das Werk Karlheinz Stockhausens geben. Er selbst hat es immer als ein fortlaufendes angesehen.

Jedes Stück geht aus dem vorigen in einer bestimmten Weise hervor. Jedes Stück stellt eine neue Versuchsanordnung dar. Jedes Stück entdeckt eine neue Welt.

Als ich vor einigen Jahren sein Orchesterwerk «Punkte» dirigierte, versuchte ich, den Musikern zu erklären, was denn der tiefere Sinn dieser Musik sei. Wie der Titel andeutet, handelt es sich um punktuelle Formen, die zu jedem Zeitpunkt des Stückes auch die große umfassende Form widerspiegeln sollen. Stockhausen hofft auf einen Musiker, der «jeden – scheinbar so unbedeutenden – einzelnen Ton mit Sorgfalt und Liebe spielt, und mit dem Bewusstsein, dass für ein lebendiges Ganzes jedes noch so kleine Teilchen wichtig und gut ist». Das gilt eigentlich für alle Musik. Aber es ist viel verlangt. Stockhausen verlangt immer viel, von sich und von anderen.

Er glaubt daran, dass Musik die Aufgabe hat, innerhalb des kleinen Ausschnitts an Schwingungen, den wir mit dem Ohr als Klänge wahrnehmen können, den gesamten Kosmos abzubilden, von den kleinsten Schwingungen des Atoms bis zu den gewaltigen Schwingungen der Sonnen und Planeten im Weltall. Das ist sein Anspruch an Musik. Er reicht weit hinaus über unser kleines menschliches Leben. Deswegen kann es gut sein, dass erst künftige Generationen seine Musik ganz verstehen werden. Sie ist ein gewaltiger Entwurf in die Zukunft hinein. Wir müssen uns an ihr messen. Wir kommen nicht daran vorbei.

*B*evor Musik beginnen kann, muss Stille sein. Absolute Stille. Nichts darf klingen, und alles scheint möglich. Der Bleistift ruht in einer Hand über dem leeren weißen Blatt. Stille ist der Urzustand jeder Musik. Sie hat etwas Magisches. Je länger sie anhält, desto gespannter warten wir auf das, was kommen wird.

Nach einer langen Stille kann ein einzelner Klang die ganze Welt bedeuten. Das ist so, wie wenn man einen Stein in einen See wirft, der eben noch ganz ruhig dalag.

Stille Durch die Berührung mit der glatten Wasseroberfläche entsteht Bewegung. Eine Welle breitet sich aus und setzt sich fort, bis ihre Energie erschöpft ist. Das kann lange dauern und ist wunderschön anzusehen. Der Schlag auf eine Glocke versetzt einen ganzen metallenen Körper in Schwingung. Er sendet Schallwellen aus, nach allen Richtungen. Diese können den entstandenen Klang über weite Entfernungen tragen, wenn der Wind entsprechend weht. Lange klingt er nach. Wir folgen mit unserem Ohr, bis er nicht mehr zu hören ist. So als sei nie etwas gewesen.

Ich versuche mich manchmal zurückzuversetzen in eine Zeit, in der es im Alltag noch Stille gab. In der Musik nur in dem Augenblick lebte, in dem sie tatsächlich von jemandem gespielt oder gesungen wurde. So wie zu der Zeit, als mein Vater geboren wurde. Und natürlich davor. Damals hatte sie eine viel größere Bedeutung. Sie war die Ausnahme, das Besondere. Sie stand eben nicht für jedermann und zu jeder Zeit zur Verfügung wie heute. Wenn sie verklungen war, gab es nichts, was sie ersetzen konnte.

In der Stille kommt Musik ganz zu sich selbst. Musik verdankt der Stille einige ihrer größten Momente. Zum Beispiel dann, wenn sie plötzlich in ihrem Fortgang verstummt, wenn sie innehält. Wie gegen Ende der berühmten Arie des Philipp in der Oper «Don Carlos» von Giuseppe Verdi. Der König hat Mut geschöpft, sein Gesang erreicht die größte Stärke. Doch genau auf dem Höhepunkt ihrer Herrlichkeit bricht die Musik unvermittelt ab. Eine endlos leere Stille schließt sich an. Dann hohe Streichertremoli im äußersten Pianissimo und wiederkehrend die bittere Erkenntnis, dass seine Frau ihn nicht liebt, ja schlimmer noch, ihn überhaupt nie geliebt hat. In Verzweiflung bäumt sich die Stimme ein letztes Mal auf, um dann ganz zu verstummen. Giuseppe Verdi war ein Meister im Gestalten von dramatischen Höhepunkten, die aus Totenstille bestehen. Sie lauert überall auf uns. So auch im Duett zwischen Philipp und dem Marquis von Posa, wenn dieser ihn im leisesten Ton mahnt: Hüte dich, dass man nicht eines Tages von dir als einem Nero spricht … Lungo silenzio. Der König erwidert nichts auf diese ungeheuerliche Behauptung. Gnadenloses Schweigen. Die Zeit scheint still zu stehen. Und brennt in uns.

Der technische Begriff für ein Innehalten von Musik heißt Fermate. Das Wort stammt natürlich aus dem Italienischen und bedeutet so etwas wie Haltestelle. An den oben beschriebenen Stellen wimmelt es geradezu von Fermaten. Ich persönlich liebe sie. Sie können über Noten stehen oder, interessanter noch, über Pausen. Eine Pause zeigt an, dass nicht gespielt werden soll. Ihre Steigerung ist die Generalpause, die für alle gilt. Niemand darf einen Ton von sich geben. Und wenn über einer solchen Generalpause eine Fermate steht, dann ergibt das den vollständigen Stillstand der Musik. Verdi präzisiert mit Worten: lungo silenzio oder auch pausa lunga. Ich finde, man muss sie so lange wie möglich aushalten. Und die Sprache verrät uns, dass es tatsächlich um ein Aushalten geht.

Es gibt Musik, die Stille braucht, um wieder zu Atem zu kommen, um einen neuen Anlauf nehmen zu können. Zum Beispiel im Adagio der Neunten Symphonie von Anton Bruckner, deren riesige Formblöcke überhaupt nur durch Stille voneinander getrennt werden können. Seine Musik erinnert an große Gebirgslandschaften, herrliche Höhen und gewaltige Abgründe wechseln einander ab. Bisweilen versteigt er sich durch wagemutige harmonische Fortschreitungen in Regionen, aus denen es einfach kein Zurück gibt. Dann klingt die Musik, als habe sie den Weg verloren. Es kommt zu Stillstand und ratlosem Umherschauen. Wie um Gottes willen soll es von hier aus weitergehen? Diese Augenblicke brauchen Zeit. Nur in Einsamkeit lässt sich nachdenken. Dann wird der Faden weitergesponnen, an ganz anderer Stelle, in geänderter Tonart und mit neuen Gesängen. Und doch bleibt der Zusammenhang einer großen Form in so viel Zerrissenheit, der einen staunen macht.

Es gibt Musik, die sich am Rande der Stille bewegt, die gar nicht wagt, laut zu sein. Der das Leise so kostbar ist, dass sie fast verstummt. Der österreichische Komponist Anton Webern hat sich am liebsten in diesen Gebieten des Ausdrucks aufgehalten. Im vierten Satz seiner «Fünf Stücke für Orchester op. 10» spielen neun Instrumente ein kunstvoll verwobenes Netz aus feinsten Klängen, wie sie vor ihm und nach ihm niemand geschrieben hat. Eine Mandoline eröffnet mit eleganter, leicht fallender Geste, die aus sechs Tönen besteht, es klingt wie eine Verbeugung. Sie soll sich dabei Zeit lassen. Eine Trompete erwidert diesen freundlichen Gruß, assistiert von der Posaune. Daraus ergibt sich ebenfalls eine Reihe von sechs Tönen, an deren Ende ein großer Seufzer steht, sehr gebunden zu spielen. Nach leichtem Zögern beschließt eine einsame Geige den Satz zart wie ein Hauch, diesmal sind es nur fünf Töne, der letzte steigt fragend in lichte Gefilde hinauf. Und bleibt in der Schwebe. Das Ganze dauert nicht länger als 25 Sekunden. Es wird durch einen sehr sparsamen Hintergrund von Klarinette, Bratsche, Harfe, Celesta und kleiner Trommel miteinander verbunden, der für diese einsamen, im Niemandsland angesiedelten Melodien die Zeit in Bewegung hält. Diese Musik kann man nur mit angehaltenem Atem anhören. Sie wurde der Stille abgelauscht.

Bei jemandem wie Charles Ives hört sich die Beschäftigung mit Stille natürlich ganz anders an. In seinem wohl bekanntesten Stück «The Unanswered Question» stellt die Trompete die immergleiche Frage nach unserer Existenz. Vier Flöten versuchen sie zu beantworten, werden dabei von Mal zu Mal ungeduldiger und heftiger, je mehr ihnen die Vergeblichkeit ihres Unterfangens bewusst wird. Getragen wird dieser Vorgang von einem sehr zarten Streicherklang, der sich nur zeitlupenartig verändert und am Schluss ins Unendliche verklingt, nachdem die letzte Frage unbeantwortet geblieben ist. Charles Ives weist darauf hin, dass die Streicher das Schweigen der Weisen darstellen, die nichts wissen, nichts sehen und nichts hören.

Ein anderer Amerikaner, John Cage, hat ein Stück geschrieben, das tatsächlich nur aus Stille besteht, wenigstens aus der Stille, die uns heute noch möglich ist. Es heißt «4' 33''» und sollte am besten im Rahmen eines Klavierabends aufgeführt werden. Es kann aber auch auf jedem anderen Instrument gespielt werden. Der Pianist tritt also auf, verbeugt sich und setzt sich an den Flügel. Letzte Konzentration. Und dann verharrt der Künstler sage und schreibe vier Minuten und dreiunddreißig Sekunden bewegungslos in dieser Haltung, ohne auch nur einmal den Versuch zu machen, etwas zu spielen. Nach der abgelaufenen Zeit klappt er den Klavierdeckel zu, steht auf, verbeugt sich und geht. Das ist kein Scherz. Es ist der sehr ernsthafte Versuch, uns auf etwas hinzuweisen, das der Grundstoff aller Musik ist: die Stille der verfließenden Zeit.

Darüber hinaus wird klar, dass es die reine Stille nicht geben kann. Während auf der Bühne nichts passiert, heult vielleicht draußen der Wind, prasselt der Regen aufs Dach, entsteht Bewegung, ergeben sich Unterhaltungen, regt sich Protest. John Cage schließt das nicht aus, im Gegenteil. Er wollte eigentlich damit zeigen, «dass Musik auch dann entsteht, wenn nicht musiziert wird». Er hat hintersinnig darauf hingewiesen, dass das Stück drei Sätze hat. Es war ihm sein liebstes.

In Augenblicken der Stille haben wir die Möglichkeit, in uns hineinzuhören, den Stimmen zu lauschen, die in uns singen, die unseren inneren Kosmos ausmachen. Um uns ganz zu versenken, um ganz ruhig zu werden. Stille hilft dabei. Wir könnten allemal an ihr gesunden. Wir brauchen sie so sehr wie reines, klares Wasser.

Als er erschien, geschah etwas mit mir. Er war ein großer, schöner Mann, der von draußen kam, aus der Wildnis, aus der Freiheit. Er brachte Luft mit von anderen Planeten. Wenn er den Raum betrat, veränderte sich alles. Gespräche verstummten. Geheimnis umwehte ihn. Wenn er sprach, hörten alle zu. Gebannt von seiner Gegenwart, von seinem Wort. Plötzlich war es still im weiten Rund der Berliner Philharmonie.

Luigi Nono

Er schien unzufrieden mit dem, was er gehört hatte. Er lief unruhig durch Reihen und Gänge. Wenn ich mich recht erinnere, hatte er nicht einmal den Mantel ausgezogen. Halb deutsch, halb italienisch haderte er mit den Gegebenheiten. Dann ein Entschluss, alle Lautsprecher müssten gegen die Saalwände gedreht werden. Man tat, wie er befohlen. Ich dachte insgeheim bei mir, was für ein Unsinn, niemand würde doch im Traum daran denken, so etwas bei sich zu Hause zu machen.

Doch hier ging es um die Vorbereitung zur Berliner Erstaufführung des «Prometeo», geschrieben für mehrere Instrumental- und Vokalgruppen plus Live-Elektronik. Eine Komposition der außergewöhnlichen Art, nicht zu vergleichen mit dem üblichen. Denn die Musiker werden im gesamten Raum verteilt. Der Hörer ist umgeben von Klang, auf allen Seiten, aus allen Richtungen. Vier Orchester gleicher Größe bilden ein Kreuz, an dem sich alles ausrichtet. Sie spielen rein akustisch, unplugged sozusagen. Die anderen, ein Chor von zwölf Sängern, zwei Sprecher, fünf Gesangs- sowie drei Gruppen von jeweils drei Instrumentalsolisten sind dazwischen aufgestellt, um den Kreis zu schließen. Sie werden per

Mikrofon verstärkt und über ein System von Lautsprechern wiedergegeben, das den ganzen Raum überspannt. Ein Klangregisseur in der Mitte des Saales überwacht und gestaltet diese Klänge. Sie können kreisen und ewig lange nachklingen. Manchmal werden sie bis zur Unkenntlichkeit verzerrt. Sie können aus einer ganz anderen Richtung kommen, als man vermutet. Sie können in Schleifen wiederholt werden und wie ein unendliches Echo nachhallen. Sie sind bestimmend für diese Musik und entscheiden über ihr Gelingen.

Darum ist die Frage der Position der Lautsprecher von so herausragender Bedeutung. Sie gegen die Wand zu drehen war der Versuch, eine indirektere, geheimnisvollere Wirkung zu erzielen. Der Unterschied war bemerkenswert. Doch das war noch nicht alles. Nono wollte hören, immer wieder hören. Er suchte nach dem speziellen Klang des Raumes, in dem wir waren. So kamen wir langsam voran.

Am nächsten Tag trat er unvermittelt auf mich zu und sagte: «Wir brauchen eine neue Klangqualität.» Ich fragte ihn, was er denn meine, lauter oder leiser, weicher oder schärfer? Nein, es sei so einfach nicht zu fassen, eine neue Klangqualität müsse gefunden werden, darum ginge es. Trotz mehrfachen Nachfragens bekam ich nichts Eindeutiges von ihm zu hören. Ich sehe noch heute den leidenden Ausdruck seines Gesichts vor mir. Es musste doch ganz anders klingen. Ich begann darüber nachzudenken. Zunächst widerwillig, weil ich gerne mehr Anhaltspunkte gehabt hätte, Kriterien, die ich auch benennen und überprüfen könnte: Lautstärke, Zusammenspiel, Intonation. Aber all das meinte Nono nicht. Er meinte eine Klangqualität, die sich jenseits unserer alltäglichen Vorstellungen befindet, die brüchiger und zerbrechlicher, die ehrlicher und wahrhaftiger ist. Er wollte hören, was hinter dem schönen Schein liegt. Dort, wo es eigentlich erst beginnt.

Er muss in meinen Augen gesehen, an meiner Stimme gehört haben, dass ich aufmerksam war, dass etwas von seinem Denken in mir widerhallte, auf fruchtbaren Boden fiel, dass auch ich ein Suchender war. Er begann, Vertrauen zu mir zu fassen, und lud mich spontan ein, mit ihm nach Wien zu kommen. Dort dirigierte ich einige seiner Stücke für ein kleines Ensemble von Instrumentalisten und Sängern: «Quando stanno morendo» und «Guai ai gelidi mostri». Seine Freunde aus Italien waren dabei. Roberto spielte Flöte, Ciro Klarinette und Giancarlo die Tuba. Mit ihnen hatte Nono im elektronischen Studio in Freiburg ganz neue Effekte am Rande des Hörbaren entwickelt. Mikrointervalle, leiseste Echotöne, Geflüstertes in höchsten Registern, Fischi, aus dem Nichts angeblasene und wieder ins Nichts verschwindende, kaum wahrnehmbare Klänge. Diese wurden von speziellen Mikrofonen eingefangen, wie durch ein Mikroskop gefiltert, verhallt und über mehrere Lautsprecher durch den Raum geschickt. Um sie hören zu können, muss man innerlich ganz still werden, denn sie sind nicht lauter als der eigene Atem.

Luigi Nono liebte extreme Erfahrungen. Er soll mit der transsibirischen Eisenbahn bis nach Wladiwostok unterwegs gewesen sein. Mehrfach hat er Reisen nach Grönland gemacht. Ans Ende der Welt. Der letzten Station vor dem Nordpol, sehr einsam und verlassen. Voller Stille, seltener Pflanzen, Eis und Schnee. Schnee verändert die Klänge. Das kann man in jedem Winter erfahren. Ich stelle mir vor, dass Nono seine Musik am Rande des Nichts dort entdeckt, erfühlt und gehört hat. Und vielleicht an diesem Ort, so fern von der Geschäftigkeit der Welt und ihrem Lärm, zu seinem eigentlichen Ton fand. Den, den er suchte und anderswo nicht bekommen konnte.

Dieser Rückzug in die Randzonen des musikalischen Ausdrucks bestimmt die ganze letzte Phase seines Komponierens. Sie findet ihren Höhepunkt im «Prometeo», einem visionären Werk, das weit in die Zukunft weist. Im Untertitel nennt er es auch eine Tragödie des Hörens (tragedia d'ascolto). Es besteht aus einem Prolog, aus fünf Inseln, Zwischenspielen und Chorgesängen. Alle diese Teile sind nur lose miteinander verbunden und bilden dennoch einen gewaltigen Bogen, der die Musik über mehr als zwei Stunden trägt. Der Zuhörer sitzt im Zentrum des Klanggeschehens und wird wie auf einem unterirdischen Strom durch die Wunder dieser Partitur geführt. Derjenige, der das Glück hat, einer Aufführung beizuwohnen, wird es niemals vergessen. Sie sind selten, weil sie mit großem Aufwand verbunden sind. Die Musik klingt herauf wie aus uralter Zeit und konnte doch nur heute geschrieben sein.

Frauenstimmen rufen die Urmutter Erde an: «Gaia!» Hell und klar verhallt die erste Quinte. In das Verklingen setzen die Geigen aller vier Orchester ein, mit hohen, fast nur zu ahnenden Tönen. Bläser treten hinzu, im äußersten Pianissimo. Erstes Zittern, erstes Beben. «Egeinato» singt der Chor: «Die Erde gebar». Unter den sich ausblendenden Streichern fangen die beiden Sprecher an zu berichten, von der Entstehung der Welt und des Himmels, von dem, was geschah, lange bevor der Mensch sein Leben begann: von Gaia und Uranos, von Okeanos und Mnemosyne, von Chronos, der Krummes sinnt, von Atlas und Zeus. Aus dem Urgrund menschlichen Seins, mit tiefen, unbewegten Stimmen, zu glockenartigen Schlägen aufgehängter Gläser und zerbrochenen, geräuschhaften Klängen von Bassflöte, Kontrabassklarinette und Tuba, taucht diese Erzählung auf; in altem Griechisch, dieser wundervoll poetischen, erhabenen Sprache.

Darüber eine zweite Schicht, getragen von den Orchestern, dem Chor und den Gesangssolisten:

Höre
Schwingt nicht hier noch
Ein Hauch der Luft, die die
Vergangenheit atmete?

Das stammt von Walter Benjamin, dem deutschen Philosophen, der sich bei dem vergeblichen Versuch, vor den Nazis zu fliehen, 1940 in den Pyrenäen das Leben nahm. In «Der Meister des Spiels» schreibt er von der schwachen messianischen Kraft, die über alle Zeiten wirkt und lenkt.

Geheime Einverständnisse schwingen
Verfangen sich in den Flügeln
Des Engels
Sie wissen das Zerbrochene zusammenzusetzen
Diese schwache Kraft ist uns gegeben
Verlieren wir sie nicht

Dieser Text zieht sich durch das ganze Stück, als Gegenpol und Ergänzung zum Bericht über das Schicksal des Prometheus, Sohn des Iapetos, der den Göttern das Feuer entriss und es den Menschen brachte, das Feuer der Erkenntnis, das Feuer der Unabhängigkeit.

Die erste Insel gehört den Orchestern, die sich im Lauten wie im Leisen die Klänge durch den Raum zuwerfen. Dazwischen Ruhepunkte leerer Quinten, an denen Texte in der Partitur stehen, die aber nie gelesen werden dürfen, dafür im Stillen gehört und gefühlt werden sollen. Prometheus spricht von seinen Taten, Hephaistos von den Qualen, die jener dafür erleiden muss.

Zum geheimen Höhepunkt wird Hölderlins Schicksalslied in der zweiten Insel. Zwei hohe Soprane mit Bassflöte und Kontrabassklarinette, über Hallaphon und Zeitverzögerung zu einem rauschenden Klangband vereint, das uns wie ein spiraler Sog in den Text hineinzieht, der von den Sprechern mit übertriebenen Konsonanten vorgetragen wird:

Doch uns ist gegeben,
Auf keiner Stätte zu ruhn,

Es schwinden, es fallen
Die leidenden Menschen
Blindlings von einer
Stunde zur andern,
Wie Wasser von Klippe
Zu Klippe geworfen,
Jahr lang ins Ungewisse hinab.

Unmittelbar anschließend das erste Stasimon, ein Chorgesang, an dem alle teilhaben, a sonar e a cantar, spielend und singend. Immer wieder Echos aus weitester Entfernung und Erinnerungen an lange Vergangenes. Wir sind nur kleinste Teile einer Bewegung, die seit Jahrtausenden besteht, angetrieben von jener schwachen messianischen Kraft, die Benjamin beschwört.

Im Interludio primo wird sie zu Klang. Eine Altstimme und drei Blasinstrumente, nichts weiter. In äußerst langsamem Tempo und größtmöglichem Pianissimo, an der Grenze zwischen noch Hörbarem und Unhörbarem wird dort gesungen und gespielt. So schwach sie hier erscheint, genügt sie doch, so heißt es, um eine Epoche herauszusprengen aus dem Lauf der Geschichte. Höre sie, höre sie. Verlieren wir sie nicht.

Der Mythos von Prometheus ist aufwühlend und überwältigend in seinen Dimensionen. Er stellt die eigentlichen Fragen an den Menschen. Wie er sich denn stellt im Verhältnis zu den Kräften, die über ihn wirken. Ob er sich gegen sie auflehnt oder sich ihnen ergibt. Ob er ihnen das Feuer entreißt und es selber trägt, oder es verweigert aus Angst, an einen Felsen geschmiedet zu werden. Ob er es wagt, seinen eigenen Weg zu gehen. Auch wenn man dem Text kaum folgen kann, weil Nono ihn wie immer in seiner Musik verborgen und somit in ihr aufgehoben hat, spürt man doch zu jedem Zeitpunkt, dass hier Existenzielles verhandelt wird.

Das macht das Stück zu einer echten Tragödie. Einer Tragödie, die sich im Hören abspielt. Es gibt magische Klangfelder
und tiefe, versunkene Stille, es gibt Tutti-Passagen in aufbe-
gehrendem, schreiendem Forte und zerbrechlichste, leiseste
Momente einzelner verlorener Stimmen. Erst durch das Hören werden wir der Tragödie gewahr. Nono wollte den Menschen die Ohren öffnen, damit sie fähig würden, durch Gehörtes Wesentliches zu erfahren, etwas, das nur auf diesem
Wege zu erfahren ist.

Was ich aber am meisten bewundere, ist der Mut, ein
solch gewaltiges Stück überhaupt zu denken, mit diesen Aus-
maßen, in dieser Ausdehnung. Sogar die Krise ist mitkompo-
niert. Sie erreicht uns in dem Teil, da die dritte, vierte und
fünfte Insel musikalisch so ausdünnen, dass einen unerträg-
lich dürstet. Klänge verdorren, Pausen sind nicht mehr ge-
füllt. Wir durchschreiten eine Wüste. Überwinden wir sie,
als Hörer und auch als Ausführender, werden wir überreich
belohnt. Denn am Ende erscheint das Stasimo secondo, von
den Solisten vorgetragen. Es ist von einer versöhnenden,
überirdischen Schönheit und schließt auf einer reinen Quinte, die sich ins Unendliche verliert.

Viele taten sich schwer, diesen Weg in die Innerlichkeit,
diesen Wandel zum Leisen hin nachzuvollziehen. Denn Luigi Nono ist immer ein Lauter gewesen, hat sich eingemischt,
sich nie den Mund verbieten lassen. Er ist seit 1952 Mitglied
der Kommunistischen Partei Italiens und ein persönlicher
Freund des Parteivorsitzenden Enrico Berlinguer. Hat sich
überall in der Welt für politisch Verfolgte eingesetzt, ist in
Peru dafür ins Gefängnis gegangen und ausgewiesen worden. Hat sich mit Fidel Castro und Rudi Dutschke getroffen.
Und eine Menge Stücke komponiert, die sich nicht scheuen,
unmissverständlich Stellung zu nehmen zu den Ungerech-
tigkeiten dieser Welt. Am deutlichsten in seinen beiden
Stücken für das Musiktheater, «Intolleranza 1960» und «Al

gran sole carico d'amore», aber auch in der Kantate «La fabrica illuminata», in den «Canti di vita e d'amore; sul ponte di Hiroshima», im «Diario polacco» und in «Ricorda cosa ti hanno fatto in Auschwitz».

Zu den eindringlichsten Werken aus dieser Zeit gehört zweifellos «Il Canto sospeso» aus dem Jahre 1956. Diesem «schwebenden Gesang» liegen als Texte letzte Briefe zum Tode verurteilter europäischer Widerstandskämpfer zu Grunde. Aus Bulgarien, Griechenland, Polen, der UdSSR, Italien und Deutschland. Meist junge Menschen, die mit ihrem Leben für Freiheit und Zukunft ihres Volkes eintreten. Der jüngste von ihnen ist gerade mal 14 Jahre alt. Erstaunlich, wie gefasst sie sind im Angesicht der bevorstehenden Hinrichtung. Wut und Trauer drücken sie aus, Liebe und Hoffnung, manchmal auch Trost für die Zurückbleibenden, keinesfalls aber Weinerlichkeit, wahre Helden jeder Einzelne. An diesem Stück wird offenbar, wie sehr sich Nono mit dem Kampf für die Freiheit, dem Kampf für eine bessere Welt identifiziert. Er setzt ihm mit dem «Canto sospeso» ein Denkmal, das bestehen wird. Er hat ein in seiner Form einmaliges, offenes Werk geschaffen, das auf ganz eigene Weise den Kern dieser Botschaft aufbewahrt.

Das Stück ist streng nach seriellen Regeln komponiert, das heißt Tonhöhe, Dauer und Lautstärke folgen einer Zahlenreihe, die für das gesamte Werk maßgeblich ist. Dem gegenüber steht die Variabilität der einzelnen Sätze. Wuchtige Teile für Orchester wechseln sich ab mit A-cappella-Chören und Arien. Eine Kantate nach altem Stil. Und doch anders. «Aufgehängt» soll der Gesang sein. Töne schweben einzeln im Raum wie Sterne am Himmel, scheinbar unverbunden. Und doch ergeben sich Verbindungen, auf mehreren Ebenen, nach dem Vorbild der Renaissancemusik. Sie im Einzelnen zu verfolgen ist schwer, ja fast unmöglich. Die

Summe aller Ereignisse trägt den Ausdruck. Und der ist klar, in jedem Moment, in jeder Faser des Werkes.

Schon im ersten Satz für Orchester werden Gewalt und Aufbegehren durch harte Paukenschläge und scharfe Attacken der Blechbläser gekennzeichnet, während die Streicher mit ihren expressiven einsamen Tönen Schmerz und Trauer entgegenhalten. Dazu kommt die Verwendung extremer Tonlagen. So müssen zum Beispiel die Trompeten in schwindelnder Höhe blasen und die Geigen in der vierten Oktave, im so genannten ewigen Schnee gleißende Töne spielen, während Kontrabässe und Posaunen aus den tiefsten Regionen heraufrufen. Das Orchester wird an die Grenzen seines Tonumfangs geführt, um der beschriebenen Grenzsituation gerecht zu werden. Das gilt auch für den folgenden Chor, der besonders den Sopranen alles abverlangt. Das Terzett der drei Solisten hat einen überraschend leichten Tonfall, wechselt im Takt zwischen vier und drei hin und her und erzeugt fast eine tänzerische Atmosphäre.

Der vierte Satz, wiederum für Orchester, führt in exemplarischer Weise die Zwölftonreihe vor, die dem ganzen Stück zugrunde liegt. Ausgehend von dem Ton A, dem Stimm-Ton, werden jeweils der nächsthöher und der nächsttiefer liegende Ton hinzugefügt, bis der zwölfte Ton erreicht ist. Innerhalb dieser großen Septime bewegt sich die Musik, sie ist auf diesen engen Raum zusammengeballt, zunächst aus einem dreifachen Piano heraus im Crescendo bis zum schreienden Höhepunkt, dann in Rückwärtsbewegung, im Diminuendo, bis zum Verlöschen auf dem Ton Es, dem End-Ton der Reihe.

Die Tenorarie ist auf den Text des 14-jährigen Chaim aus Polen komponiert: «... *wenn der Himmel Papier und alle Meere der Welt Tinte wären, ich könnte euch mein Leid nicht beschreiben und all das, was ich rings um mich sehe. Ich sag allen Lebewohl und weine ...*» In dieser Arie werden auf höchst kunstvolle Weise drei Melodielinien miteinander verwoben. Sie schweben um- und übereinander wie ein Mobile.

Danach brechen die Mörder in die Synagoge ein, begleitet von heftigsten Akzenten in Pauken und Posaunen. Ein düsterer, äußerst aggressiver Satz. Menschen schreien um Hilfe und werden im wahrsten Sinne von der Gewalt des Orchesters niedergemäht. Unmittelbar anschließend, im höchsten Gegensatz singt der Chor: «... *wie hart ist es, für immer von diesem schönen Leben Abschied zu nehmen ...*», begleitet von sanften Streichern. Nur beim «Addio» klagt eine einsame hohe Trompete, und die Soprane schreien ihr «per sempre» entgegen, ein kurzer Ausbruch, der es in sich hat.

Darauf folgt der wohl schönste, bewegendste Moment, eine Sopranarie mit Frauenchor auf den Text der Ljuba Schwetzowa aus der UdSSR: «... *leb wohl, Mutter, deine Tochter Ljubka geht fort in die feuchte Erde ...*» Hier formen Flöten, Glockenspiel, Vibraphon, Marimba, Celesta und Harfe eine zarte, himmlische Musik, die wie keine andere den Effekt des tatsächlich schwebenden Gesangs vermittelt.

Das Orchester reagiert mit äußerster Aggression, Tonrepetitionen wie Maschinengewehrsalven, heftigste Eruptionen aller Bläser und der Pauken, am Schluss brutal abgerissen, um Platz zu machen für den abschließenden Chor: «... *Ich habe keine Angst vor dem Tod ... Ich gehe im Glauben an ein besseres Leben für euch ...*» Am Ende kein Text mehr, bocca chiusa, gesungen mit geschlossenem Mund, die Worte verstummen. Der letzte Ton der Bässe verklingt im Nichts wie sein eigenes Echo.

Die Grundzüge von Nonos Musik sind früh erkennbar. Auflehnung und Widerspruch, mit elementarsten Mitteln umgesetzt. Dagegen das Poetische, das Zarte, das Nachhören und Nachspüren der feinsten, der innersten Regung. Lauteste Passagen roher Gewalt und leiseste Gesänge. Immer wieder Pausen, lange Fermaten, die die einzelnen Ereignisse über die Stille hinaus auf geheimnisvolle Weise miteinander verknüpfen. Das Phänomen einer Form, die verschiedenste Teile mühelos ineinander übergehen lässt, ohne klare Zäsur, ohne Absatz. Alles scheint aufgehängt an einem unsichtbaren Faden, scheint zu schweben aufgrund einer höheren Ordnung.

Luigi Nono stammt aus Venedig. Einer Stadt, die aus Inseln besteht. Die über Brücken miteinander verbunden sind. Um sie herum fließt das Wasser des adriatischen Meeres. Das Beständige und das Fließende berühren sich allerorten. In ihrer Mitte der Dom zu San Marco. Hier hatten schon im 16. Jahrhundert Gabrieli und Monteverdi ihre mehrchörigen Werke zur Aufführung gebracht und damit die Musik im Raum begründet, auf die sich Nono immer wieder bezieht. Er liebte diese Stadt und verdankt ihr vieles. Auf San Michele ist er begraben. Es ist ein prächtiges Grab, von Efeu überwachsen.

Ich war ein junger Dirigent von 30 Jahren, als ich ihn traf. Ich hatte kaum meine ersten Schritte gemacht, war noch ganz am Anfang meines Weges. Aber ich hatte Träume, große Ziele, ich suchte eine Botschaft, eine Mission. Ihm in dieser so wichtigen Phase der Orientierung zu begegnen war ein Geschenk. Er bestärkte mich in meinen Überzeugungen, in meinem Glauben an mich selbst, er forderte meine Ideale heraus, er holte sie an die Oberfläche und ließ sie mich anschauen, er machte mir Mut, meinen eigenen Weg zu gehen, meiner innersten Stimme zu folgen. All das, ohne eigentlich darüber zu reden, nur durch die Art und Weise, wie er mit mir sprach und mir seine Sympathie zeigte. Ich fühlte mich erhöht und wertvoll in seiner Gegenwart, spürte in mir ungeahnte Kräfte wachsen. Mehr kann sich ein junger Mensch nicht wünschen. Sein Werk und sein Vermächtnis sind so etwas wie ein Leitstern, dem ich folge, bis heute. Als er am 8. Mai 1990, genau 45 Jahre nach Ende des Zweiten Weltkriegs, starb, war das der traurigste Tag meines bisherigen Lebens. Ich fühlte eine gewaltige Leere und wurde mir zum ersten Mal bewusst, was es bedeutet, einen nah gefühlten Menschen zu verlieren. Zugleich wurde mir klar, dass er eine Lücke hinterlässt, die niemand schließen kann. So als habe sein Abgang einen gewaltigen Krater hinterlassen, den wir noch in tausend Jahren bestaunen werden.

*J*ede große Musik ist Bekenntnis. Sie bekennt sich rückhaltlos. Sie steht zu sich, stellt sich, so wie sie ist. Sie hat keine
Angst, verlacht zu werden. Fürchtet nicht, missverstanden
zu sein. Sieht ihren Weg, folgt ihm ohne Rücksicht, ohne
Scheu. Sie weiß um ihre Wahrheit, spürt, dass sie unverletz-
bar ist. Trägt Ablehnung mit Würde und Feindschaft mit
Gelassenheit. Fühlt sich nur sich selbst verantwortlich, hört

Bekenntnis

nicht auf andere, beugt sich nicht fremdem Rat. Sie kennt ihren Wert, sie verteidigt ihn, sie lässt sich nicht beirren. Und
hofft insgeheim auf den Tag, da sie erkannt
wird, von wem auch immer. Als das, was sie ist. Als Zeugnis
eines unbedingten künstlerischen Willens, als Äußerung einer Stimme, die sich nicht verbiegen lässt.

Darüber hinaus mag es um eine besondere Botschaft gehen,
die über der Musik steht. Die sie auf außergewöhnliche Art
kennzeichnet, sie in ungeahnter Weise inspiriert. Die, wenn
sie nur in Worten ausgesprochen würde, nicht die Kraft entwickeln könnte, die in ihr steckt. Erst, dass sie in Töne sich
verwandelt, macht sie zu dem, was sie ist.

Beethovens Neunte Symphonie. Ein Schlüsselwerk. Eine
Explosion der alles einenden, gewaltigen Freude. Trotz der
Verzweiflung, des persönlichen Leids. Dort oben überm Ster-
nenzelt muss doch ein guter Vater wohnen. Die Musik bleibt
stehen auf einem verminderten Akkord. Zweifel hängen
in der Luft. Was wäre, wenn … Nicht auszudenken. Dann
bricht sie endgültig durch, es gibt kein Halten mehr, keinen
Blick zurück. Vorwärts stürmt die Musik, und alles jubelt.

«Das siebte Kreuz» von Anna Seghers ist ein bewegendes Buch, spannend wie ein Krimi. Es spielt im Dritten Reich. Aus einem Konzentrationslager bei Mainz brechen sieben Gefangene aus. Nur einer kommt durch. Sein Kreuz bleibt leer. Für die anderen bedeutet es den sicheren Tod. Ihr Schicksal ist erschütternd. Deutsche Geschichte, unfassbar, aber wahr. Noch heute packt einen die Wut, wenn man es liest. Hans Werner Henze hat dieses Buch zur Grundlage seiner Neunten Symphonie gemacht. Für Chor und Orchester. Es ist ein Bekenntnis zur Menschlichkeit, trotz allem. Sechs Sätze lang werden wir verfolgt, sind auf der Flucht. Ein Albtraum jagt den anderen. Aufpeitschende Schreie, verzerrt von Angst. Plötzliche trügerische Ruhe, jähes Aufschrecken aus scheinbarer Sicherheit. Ständiges Außer-Atem-Sein. Ein Gefühl der Beklemmung macht sich breit, wenn man diese Musik hört. Eindringliches Zeugnis einer Zeit permanenter Bedrohung, einer Zeit ohne Schutz und Gerechtigkeit. Zum Höhepunkt der Verfolgung wird die Jagd auf den Akrobaten. Er hat sich auf das Dach eines Frankfurter Hotels geflüchtet. Dann der Schuss. Er springt. Tödlich getroffen fliegt er endlos durch die Luft, schaut ein letztes Mal auf sein Land, auf seine Heimat. Wie in Zeitlupe. Ein herrlicher Streichersatz, der sich im wahrsten Sinn des Wortes erhebt und mit weitem Bogen die Schönheit dieses lang gestreckten, ewig währenden Moments erfasst. Hier spüre ich die ganze Liebe Henzes zu Deutschland, das er doch einst verließ, um in Italien zu leben. Im letzten, im siebten Satz keimt eine zarte Hoffnung auf. Georg, der siebte Flüchtling, entkommt auf einem Boot im Morgengrauen. Henze bleibt am Ende Optimist. Entlässt uns mit hellen Klängen, mit Zuversicht auf eine bessere Zeit, jenseits von Furcht und Terror.

Sie kann sich zusammenballen und kann auseinander fließen, die regloseste Ruhe und das lebhafteste Stürmen sein; sie hat

die höchsten Höhen, die Menschen wahrnehmbar sind, und
ihre Empfindung trifft die menschliche Brust mit jener Inten-
sität, die vom «Begriffe» unabhängig ist.

So schreibt im Jahre 1906, im Geburtsjahr meines Vaters, der
italienische Komponist Ferruccio Busoni, der zu seiner Zeit
als Klaviervirtuose eine große Berühmtheit war. Es findet
sich in einem kleinen Bändchen, das den Titel trägt: «Entwurf einer neuen Ästhetik der Tonkunst», umfasst kaum
60 Seiten. Gedanken eines Mannes, der weit in die Zukunft
schaut. Entwürfe eines kühnen Geistes, Träume, Visionen.
Musik sei frei geboren. Sie sei ein Wunderkind, ein schwe-
bendes Wesen, körperlos, nicht der Schwere unterworfen.
Sie dürfe nicht gefesselt werden, nicht gezähmt und nicht
gehindert in ihrem Flug. Hinauf in höhere Sphären, dort,
wo die Wolken Sonnenstrahlen brechen. Dürfe nicht einge-
schränkt werden, weder durch Regeln noch durch geziemen-
des Benehmen, Anstand sei völlig fehl am Platz. Um frei zu
werden, um jene Höhen zu erreichen, in denen sie der Linie
des Regenbogens folgen kann. Als Teil des schwingenden
Weltalls. Dies und nichts anderes sei ihr bestimmt.

Nehmen wir es uns doch vor, die Musik ihrem Urwesen zu-
rückzuführen; befreien wir sie von architektonischen, akusti-
schen und ästhetischen Dogmen; … sie sei nichts anderes als
die menschliche Natur in der menschlichen Seele abgespiegelt
und von ihr wieder zurückgestrahlt; ist sie doch tönende Luft
und über die Luft hinausreichend; im Menschen ebenso univer-
sell und vollständig wie im Weltenraum.

Ein Dokument seiner Zeit. Als alles möglich schien. Als alles
aufbrach in ein ungewisses Morgen. Und dennoch zeitlos.
Denn es erinnert uns an die großen Hoffnungen, die immer
wirken, wenn es um Utopien geht: Freiheit, Sprengen der

alten Fesseln, Erforschung unbekannter Welten, Durchbrüche, Erfahrung neuer Dimensionen, Aufgehobensein im Ganzen, Verbundensein mit Größerem als wir selbst, ewiges Gleichgewicht.

Denn seht, die Millionen Weisen, die einst ertönen werden, sie sind seit Anfang vorhanden, bereit, schweben im Äther und mit ihnen andere Millionen, die niemals gehört werden. Ihr braucht nur zu greifen, und ihr haltet eine Blüte, einen Hauch des Meeresatems, einen Sonnenstrahl in der Hand.

Mich hat Musik, die für etwas einsteht, immer besonders angezogen. Die laut ausspricht, was andere nur hinter vorgehaltener Hand sagen. Die etwas riskiert. Die Mut beweist. Da wollte ich dabei sein. Die Wahrheit ist oft unbequem. Sie zu leben, furchtbar schwer. Von ihr zu zeugen, sich zu ihr zu bekennen, Aufgabe aller großen Kunst. Sie zu verkünden, höchstes Ziel.

Wieder komme ich auf Arnold Schönberg, auf einen der mutigsten Komponisten, die es gegeben hat. «A Survivor from Warsaw», für Erzähler, Männerchor und Orchester. Ein Überlebender des Warschauer Ghettos erzählt, der Text beruht auf Berichten von Augenzeugen. Es hat sich ohne Zweifel genauso abgespielt. Und Schönberg hat es schonungslos offen gelegt. Knapp, ohne großes Pathos, wie im Zeitraffer. Fanfaren, Zeichen aufzustehen, Unruhe, nervöses Flattern in allen Stimmen. Wir erfahren von Willkür, von Gewalt, von Bewusstlosigkeit. Mit nüchterner Stimme vorgetragen. Die Musik wirkt unwirklich, zusammenhanglos, albtraumhaft. Zerfetzt und zergliedert, einer extremen Situation, einem irrsinnigen, unvorstellbaren Geschehen folgend. Schließlich wird abgezählt, der Feldwebel will wissen, wie viel er zur Gaskammer abliefern kann. Schnell soll es gehen: «Rascher!

Noch mal von vorn anfangen!» Ein eisiger, unbarmherziger Streicherklang. Die Wirklichkeit ist nicht mehr wegzudenken. One, two, three, four, immer schneller und hektischer fliegen die Zahlen durch die Luft, vom Wahnsinn der Angst getrieben, sich überschlagend, überbietend, bis auf einmal alle das Glaubensbekenntnis des Volkes Israel zu singen beginnen: «SCH'MA ISRAEL». Ein unglaublicher Moment, ein sich Besinnen auf ein Gemeinsames, das größer ist als alle Grausamkeit. Musik als Hoffnungsträger für eine bessere Welt, als Inbegriff des Glaubens daran.

Ich habe etwas Ähnliches selbst erlebt, 1983 in Chile. General Pinochet war noch an der Macht. Tag des Widerstands. Um fünf nach zwölf wurden brennende Kerzen in die Fenster gestellt. Abends hatten wir Konzert, spielten Messiaen: «Quatuor pour la fin du temps». Viele Menschen kamen, spürten den Zusammenhang. Sie blieben sitzen, als es zu Ende war. Und plötzlich, wie auf ein geheimes Zeichen, begannen sie zu singen, im ganzen Saal. Es war ein Freiheitslied, ein Lied mit einer Botschaft, die jeder verstand. Es hatte eine Wucht, die mich erschütterte. Mir zitterten die Knie. Ihre Stimmen waren beseelt von einer Sehnsucht, die ich niemals zuvor gehört hatte. Ihr Klang bohrte sich mit einer solchen Intensität in mich hinein, dass ich nach Atem rang. Musik, wenn sie so tönt, hat eine Kraft, die Berge versetzen kann. Die größer ist als alles, was ich kenne.

*E*s begann ganz unspektakulär mit einer Anfrage der Jungen Deutschen Philharmonie. Ich wurde gebeten, eine Symphonie von Karl Amadeus Hartmann zu dirigieren. Ich stutzte. Hartmann, war das nicht ein deutscher Komponist aus der Generation meines Vaters? Den Namen hatte ich gehört. Obwohl ich seine Musik nicht kannte, hatte ich sofort das Gefühl, das sei etwas für mich. Ich ging der Sache nach. Der Mann hatte tatsächlich acht Symphonien geschrieben, im 20. Jahrhundert. Ich besorgte mir Aufnahmen und war überrascht. Da war ein ganz eigener Ton, ein Ausdruck, der mich anzog, eine Sprache, der ich in dieser Form noch nicht begegnet war. Ich entschied mich für die Dritte Symphonie. Aus dem Bauch heraus.

Karl Amadeus Hartmann

Sie beginnt mit sehr tiefen Klängen, Harfe und Tam Tam. Darüber ein einzelner Kontrabass als Solist im Dialog mit der Pauke. Das große Orchester schweigt. Zwei einzelne Geigen fangen einen Kanon an, mit fallender Quinte, ein Hauch von Wehmut liegt darin. Bratsche und Cello folgen. Wie von selbst entsteht dabei ein Streichquartett, während das große Orchester weiterhin schweigt. So entwickelt sich aus dem Spiel von vier einzelnen Streichinstrumenten die Musik einer großen Symphonie. Das ist ohne Beispiel. Durch den Eintritt aller Streicher weitet sich der Klang. Im Chor führen sie die Melodien fort, bis hin zu einem ersten Höhepunkt von schmerzlicher Intensität. Der Kanon kehrt zurück, diesmal im Tutti, bevor es sich beruhigt, in weit gespannten Akkorden leise mündet, offen, wie ein Doppelpunkt.

Dann bricht es los, das Temperament des Karl Amadeus Hartmann. Ein wildes Scherzo fällt über uns her, von der Pauke mit zufahrender Geste eröffnet. Die Bläser sind mit einem Schlag hellwach. Nach kurzem Tutti beginnt – eine Fuge! Das Thema wird von der Pauke vorgestellt, sekundiert von kleiner und großer Trommel. Das Orchester fährt dazwischen, wenn schon eine Fuge, dann bitte sehr, wie sich's gehört: Die Bratschen beginnen, zweite und erste Geigen reihen sich ein, Celli und Bässe bilden den Kontrapunkt. Der Charakter ist tänzerisch, im 3/4-Takt. Die Trompete übernimmt, dann Klarinette, Flöte, bis schließlich alle einstimmen, hell und strahlend ist der Klang. Doch Unheil droht. Das Thema wird in die untersten Stimmen verbannt, zu Kontrafagott und Kontrabässen. Tiefer geht nicht. Was jetzt passiert, könnte von Charles Ives ersonnen sein. Während die tiefen Instrumente auf ihrem Motiv insistieren, liefern sich die hohen Streicher und Bläser in anderem Takt und Tempo einen heftigen Schlagabtausch. Die Streicher siegen und geraten in einen furiosen Freudentaumel, der von der Pauke mit Gewalt gestoppt wird. Erschöpft müssen sie den Bläsern das Feld überlassen, die ihrerseits das Fugenthema zu einem grandiosen Höhepunkt führen. Gemeinsam geht es abwärts, die Bewegung wird unterbrochen, stockt und verstummt.

Dann erklingt eine zarte, feine Kindermusik mit Triangel, Celesta, Harfe und Xylophon, die durch ihre Pentatonik ein wenig fernöstlich anmutet. Die Fagotte führen ein groteskes Terzett auf, im tiefsten Register. Die Klarinette lässt sich darauf ein, die Oboe ebenfalls. Alles ist viel entspannter, wir sind im Trio angekommen. Die Streicher haben sich erholt und spielen auf zum Tanz. Ein scharfer Akzent unterbricht diese Idylle, dann ein zweiter, ein dritter, es ist, als suche die Musik einen Ausweg, zurück ins Scherzo. Immer dringlicher werden die Appelle, bis schließlich die Pauke mit Autorität die Richtung weist. Nicht zu einer weiteren Fuge, nein, ganz im Gegenteil, alle spielen zur gleichen Zeit, keiner will sich mehr dem anderen unterordnen. Auf dem Höhepunkt stürzen die Geigen in den wildesten Walzer, höchst virtuos und an der Grenze der Spielbarkeit. Das Scherzo ist ins Irrwitzige gesteigert. Ein letztes Mal schleudern die Blechbläser das Fugenthema heraus, dann setzt die Pauke den Schlusspunkt.

In ihrer Glanzzeit hat die Symphonie vier Sätze: einen gewichtigen Eröffnungssatz, dann Adagio und Scherzo, Arie und Tanz, abschließend das Finale. Sie mag als das Pendant zum Roman in der Literatur gelten. Als Versuch, die Welt als etwas Einheitliches darzustellen, sie trotz all unserer widersprüchlichen Erfahrungen in einer geschlossenen Form zu erfassen. Daher kommt dem abschließenden, dem letzten Satz einer Symphonie immer eine besondere Bedeutung zu, denn genau dieser soll zusammenfügen, was in den vorherigen Sätzen an auseinander strebenden Tendenzen wirkte. Berühmtestes Beispiel hierfür ist die Neunte Symphonie von Ludwig van Beethoven. Aber schauen wir auf die großen Symphoniker des ausgehenden 19. Jahrhunderts, Bruckner und Mahler. Deren letzte Symphonien hören nach dem Adagio auf. Sie hatten entweder nicht die Kraft oder nicht den Willen, ein Finale zu schreiben in einer Welt, die langsam aus den Fugen geriet. Das war die Traditionslinie, an die Hartmann anknüpfte. In einer Zeit, die in der Rückschau als das düsterste Kapitel deutscher Geschichte gelten muss, gab es für ihn sicher keinen Grund, die Idee eines grandiosen Finales neu zu beleben.

Er entschließt sich, seine Symphonien nur aus den Formen der Mittelsätze zu bilden, dem Scherzo und dem Adagio. Er verzichtet demnach auch auf den Eröffnungssatz, hat von ihm lediglich die langsame Einleitung übernommen. Es bleibt also von der ursprünglichen Form nur ein Torso übrig, der jedoch sehr lebendig ist. Denn es findet in dieser Beschränkung eine ungeheure Konzentration statt auf das, was ihm wesentlich ist, auf Trauer und Auflehnung. Die schnellen Sätze, die Scherzi, strotzen von Vitalität, von einer unbändigen Kraft, die so nur aus dem Widerstand wächst. Das Adagio bildet den Klagegesang und spiegelt in seinem breiten Singen, wie Hartmann selbst sagt, sein ganzes Lebensgefühl wider.

Das Adagio steht in der Dritten Symphonie ausnahmsweise an zweiter Stelle, nach dem Scherzo. Die Trompete eröffnet es und führt das Orchester zu Akkordballungen, die wie Ausrufungszeichen wirken für das Folgende. Dann wird es still. Wieder Trompete, dieses Mal mit Dämpfer. Eine Melodie, die zunächst um einen Ton herumkreist, wandert weiter zur Klarinette, zur Flöte und kehrt schließlich über das Fagott zurück. Misterioso, quasi lamento beginnt ein Trauermarsch, der wie ein Zitat wirkt aus den «Sechs Orchesterstücken op. 6» von Anton Webern, bei dem Hartmann einige Zeit studiert hat, mitten im Krieg. Dann übernehmen die Streicher mit bewegtem Ausdruck. Ihre Melodien heben und senken sich wie Wellen. Ganz langsam beginnt eine jener Steigerungen, die so typisch sind für den Formverlauf eines Adagios von Hartmann. In immer neuen Anläufen entwickelt sie sich über poco Lento, Andante und Allegro moderato zum ausdrücklich ausgewiesenen Höhepunkt. Dabei ist ein Sog in der Musik, der unweigerlich auf diesen Moment hinsteuert, dem man sich nicht entziehen kann. Überwältigend die Klimax, mit aller Kraft zu spielen, tatsächlich in Fis-Dur. Doch die Herrlichkeit ist nur von kurzer Dauer. Der prachtvolle Klang stürzt ziemlich schnell in sich zusammen, und es beginnt der Abgesang. Alles wirkt wie eine Reminiszenz an bereits Gehörtes. Wie eine blasse Erinnerung zieht die Musik an uns vorbei, bekannte Melodien tauchen wieder auf, aber leiser und entfernter. Selbst der Trauermarsch erscheint noch einmal, bevor die Klarinette, gebettet in flirrende Klänge der

Celesta, uns zurückführt in die tiefe, dunkle Klangwelt des Anfangs der Symphonie. Letzte Seufzer der Bassposaune und des Kontrafagotts werden begleitet vom Pochen einer Holztrommel, so als habe das letzte Stündlein geschlagen. Schließlich Kontrabässe, Harfe und das große Tam Tam. Die Musik versinkt in der Tiefe, aus der sie kam. Der Kreis hat sich geschlossen.

Karl Amadeus Hartmann starb 1963 im Alter von 58 Jahren viel zu früh. Bis heute hat sein Werk nicht die Anerkennung erfahren, die ihm meiner Meinung nach gebührt. Er war ein großer deutscher Komponist. Er bildet die Brücke zwischen Gustav Mahler und Wolfgang Rihm, zwischen Alban Berg und Hans Werner Henze. Ohne ihn wäre die Entwicklung vollkommen anders verlaufen. Er hat in den dunkelsten Jahren unserer Geschichte die Werte der großen deutschen Musiktradition hochgehalten und so für die Nachkommen bewahrt. Darum ist er mir auch als Mensch ein Vorbild.

Als junger Mann war es mir ein Bedürfnis, mich gegenüber meiner Herkunft in ein positives Verhältnis zu setzen. Ich suchte ständig nach deutschen Menschen, denen ich hätte nacheifern können. Viele gab es nicht. Wie in anderen Bereichen des gesellschaftlichen Lebens hatten die besten unter den Musikern in den dreißiger Jahren das Land verlassen und waren nicht wiedergekommen. Die großen Dirigenten Fritz Busch, Erich Kleiber und Otto Klemperer sollen hier stellvertretend genannt sein. Meine Lehrergeneration war, unverschuldet zwar, immer noch vergiftet von den Auswirkungen des Dritten Reichs. Ich suchte nach etwas, das mich stolz machen könnte, ein Deutscher zu sein. Ich entdeckte die Geschichte des deutschen Widerstands, die mich sehr faszinierte. Und ich entdeckte Karl Amadeus Hartmann. Er hat, nach allem was wir wissen, als einziger bedeutender deutscher Komponist den Mut gehabt, sich nicht mit dem Regime zu arrangieren. Ja, mehr noch, er schrieb bereits in den Jahren 1933/34 eine symphonische Dichtung mit dem Titel «Miserae», die folgende Widmung trägt:

Meinen Freunden, die hundertfach sterben mussten,
die für die Ewigkeit schlafen – wir vergessen Euch nicht.
(Dachau, 1933–1934)

«Miserae» wurde am 1. September 1935 unter der Leitung des befreundeten Dirigenten Hermann Scherchen in Prag uraufgeführt. Was folgte, war klar. Hartmanns Musik durfte im Deutschen Reich nicht mehr gespielt werden. Er wurde vom öffentlichen geistigen Leben ausgeschlossen und hat die Jahre bis zum Ende der Naziherrschaft in völliger innerer Emigration verlebt. Eine Katastrophe für den jungen aufstrebenden Komponisten. Manch anderer wäre daran zerbrochen, denn er war 28, als Hitler an die Macht kam, und 40, als der Zweite Weltkrieg zu Ende ging. Und konnte während dieser ganzen Zeit doch nicht wissen, wie lange es dauern würde. Er überlebte, weil er gegen diesen Zustand ankomponierte, Stücke schrieb wie: «Sinfonia tragica», «Klagegesang», «Versuch eines Requiems» oder das «Concerto funèbre» für Sologeige und Streichorchester, bis heute sein meistgespieltes Werk. Es entsteht 1939 unter dem Eindruck des Überfalls deutscher Truppen auf Polen. Es trauert und klagt an, unmissverständlich. Und das zu einer Zeit, als ganz Deutschland im Siegestaumel liegt. Bezeichnend dafür ist das Ende des Stückes. Fast ist der abschließende Choral in Resignation verklungen, als plötzlich der letzte Akkord mit der härtesten Dissonanz, die möglich ist zwischen zwei Tönen, seine ganze Wut herausschreit.

Nach Ende des Krieges wird Hartmann von der Besatzungsmacht der Amerikaner umgehend rehabilitiert. Er sprudelt vor Unternehmungslust und entwickelt schon 1945 die Idee für die Konzertreihe musica viva, die er in den verbleibenden 18 Jahren seines Lebens zu beispiellosen künstlerischen Höhen führt. Dank seiner guten Kontakte gelingt es ihm, nahezu alle Größen des internationalen Musiklebens, die so lange nicht in Deutschland aufgetreten waren, in München zu präsentieren. Allen voran die führenden Komponisten seiner Zeit: Igor Strawinsky, Paul Hindemith und Darius Milhaud kommen persönlich, um eigene Werke zu dirigieren. Von Debussy und Ravel, Bartok und Schönberg wird über die Jahre das gesamte Orchesterwerk aufgeführt. Seine Altersgenossen Benjamin Britten, Olivier Messiaen und Luigi Dallapiccola werden vorgestellt. Es besteht enormer Nachholbedarf. Die Säle sind überfüllt. Das Wichtigste aber: Hartmann gibt der jungen Komponistengeneration eine Chance. Ob Luigi Nono, Karlheinz Stockhausen, Hans Werner Henze, Pierre Boulez oder Bruno Maderna, sie alle haben sich erste Sporen bei der musica viva verdient. Und er verteidigt sie vehement, wenn es nötig ist. Er setzt sich für sie ein, weil er weiß, «dass die Jugend in ihrem geistigen Überschwang und in ihrer Unerbittlichkeit Verständnis und Entgegenkommen erwarten kann und geradezu das Recht darauf hat, ‹Unmögliches› zu wollen». So schrieb er es 1959. Welch ein wahres Wort aus dem Munde eines Mannes, dem aufgrund der Zeitläufe dieses Privileg auf so grausame Weise verwehrt war. Er hilft den jungen Kollegen in einer Weise, die er selbst nie erfahren hat. Ich ziehe davor meinen Hut.

Hartmanns eigene Kompositionen tauchen nur vereinzelt in den Programmen der musica viva auf. Das bedeutet aber keineswegs, dass er nicht mit Hochdruck an seinem Werk weitergearbeitet hätte. Ganz im Gegenteil, er beginnt ganz nüchtern, die Stücke, die in der Schublade schlummerten und nie das Licht der Öffentlichkeit erblickt hatten, neu zu bewerten. Sie erscheinen ihm zu sehr der Zeit verhaftet, in der er sie schrieb. Er ordnet sein Material neu, verwirft, ergänzt und kreiert so eine ganze Serie von Symphonien, von eins bis sechs. Die erste entsteht aus dem Versuch eines Requiems nach Texten von Walt Whitman, erstmals konzipiert in den Jahren 1936/37. Die Introduktion ist mit «Elend» überschrieben. Eine Altstimme deklamiert:

Ich sitze und schaue aus auf alle Plagen der Welt
Und auf alle Bedrängnis und Schmach ...
... auf alle Gemeinheit und Qual ohne Ende
schaue ich sitzend hin, sehe und höre.

Umrahmt von wütenden Ausbrüchen der Blechbläser und der Pauke. Im «Frühling» besingt die Solistin im Wechselspiel mit den Holzbläsern das immer wiederkehrende Blühen des Flieders, aber auch die Gedanken an den Tod, die unweigerlich dabei aufsteigen. Ein großer Ausbruch der Geigen kündigt Zukünftiges an. In «Tränen» dreht sich die Musik um sich selbst. Das Fließen will kein Ende nehmen. Posaune, Fagott und Trompete klagen, bevor die Sängerin den Jammer in tiefsten Tönen beschwört, immer von neuem. Im dramatischen Mittelteil bricht es aus allen heraus. Das stille Weinen wird zum heftigen Schluchzen, zu wildem Schreien. Wächst zu einem wahren Ozean von Tränen an. Im Epilog hören wir die Allmutter ihrer Erde zurufen, all die Abertausend Toten, all die verzerrten Leiber, all die elend zugrunde gegangenen Menschen wieder bei sich aufzunehmen. Im abschließenden gewaltigen Crescendo spürt man förmlich, wie das passiert. Ein leiser, feiner Akkord der Streicher bleibt zurück, klingt lange nach. Neben dem «Concerto funèbre», das Hartmann als einziges gelten lässt, ist diese Symphonie das eindrucksvollste Zeugnis aus einer einsamen, verzweifelten Zeit.

In den folgenden Symphonien entfernt er sich mehr und mehr von diesem Ausgangspunkt. Die Zweite ist ein einsätziges Adagio mit großem Saxophon-Solo. Von der Dritten sprachen wir. Die Vierte ist den Streichern, die Fünfte, auch «concertante» genannt, den Bläsern vorbehalten. Mit der Sechsten beginnt die Serie der großen Symphonien. Sie ist nach wie vor sein erfolgreichstes Stück. Mit zusätzlichen Klavieren und stark angewachsenem Schlagzeugapparat ist sie riesig besetzt. Der letzte Satz brilliert gleich mit zwei virtuosen Fugenkomplexen und endet in einem gewaltigen Tutti, das in seiner rhythmischen Eindringlichkeit dem «Sacre du printemps» von Igor Strawinsky ebenbürtig ist.

Mit der Siebenten und Achten Symphonie beginnt seine letzte Schaffensphase. Das Material ist ganz neu konzipiert, ohne Rückgriff auf früheres. Die kontrapunktischen Finessen werden immer gewagter, der Ton spröder und sperriger. Und doch scheinen die wesentlichen Elemente seiner Musik nach wie vor durch. Das leidenschaftliche Singen in den langsamen Sätzen und die sprühende Lebendigkeit in den schnellen. Seine Siebte wirkt wie ein Konzert für Orchester, für ausnahmslos jeden Spieler eine Herausforderung. Die Achte schließlich ist ohne Frage diejenige, die am weitesten in die Zukunft weist. Cantilène und Dithyrambe, Adagio und Scherzo, streng zweisätzig, aber in diesem bewährten Formkonzept von einer Zerrissenheit und Wildheit wie kaum zuvor. Bevor das Stück tumultuös zu Ende geht, hält das Rasen inne, und es ertönt die einsamste aller Melodien in den ersten Geigen, für mich ein unvergesslicher Moment.

Mit seinem letzten Werk, der «Gesangsszene», kehrt Hartmann zu seinen Wurzeln zurück. Denen eines Künstlers, der sich immer eingemischt hat, der sich engagiert, auch wenn es unbequem ist. Das Stück ist nach Worten aus «Sodom und Gomorrha» von Jean Giraudoux entstanden. Mit alttestamentarischer Wucht wird dort der Weltuntergang beschrieben. Hartmann hat sich selbstverständlich mit diesem Text identifiziert. Er war und blieb ein kritischer Zeitgenosse. Ein Warner und Mahner. Große Teile des Stückes hat er noch komponiert. Über seinem Schluss ist er gestorben. So werden denn die letzten Worte traditionell gesprochen:

Und die Sonne brennt, aber ich habe ihre Wärme mit der Hand geprüft: es ist siedendes Pech.
Und aus der Kehle der Schwalbe wird der Donner des Unerbittlichen losbrechen.
Und aus dem Einschnitt der harzigen Zeder werden die Tränen des Weltunterganges rinnen.

Es ist ein Ende der Welt! Das Traurigste von allen!

Er ist der Meister unter den Komponisten des 20. Jahrhunderts. Seine Sprache ist unverschnörkelt, immer auf das Wesentliche konzentriert. Er gießt Empfindungen in kristallklare Form, er liebt das Spiel und die Konstruktion. Witz und Humor sind ihm eigen sowie ein messerscharfer Verstand. Er schafft tönende Welten, die noch lange Bestand haben werden. Kalt und unnahbar hat man seine Musik genannt. Ich glaube, das Gegenteil ist der Fall. Sie

Igor Strawinsky

gehört zum Reichsten, Erfülltesten, das ich kenne. Sie erreicht in ihrer Durchsichtigkeit, ihrer Deutlichkeit und Ausgeprägtheit eine Größe, an die andere nicht heranreichen.

Igor Strawinsky wird in St. Petersburg geboren. Er lebt in Paris und Los Angeles, in der Schweiz und in Italien. Er ist ein Weltbürger, überall zu Hause. Sein kompositorischer Weg ist lang und vielfältig. Er beginnt 1910 mit dem «Feuervogel», farbenprächtig und von überschäumender rhythmischer Verve, und führt 1958 zu einem Werk wie «Threni», streng zwölftönig, karg und von gläserner Kraft. Über alle Veränderungen hinweg bewahrt er sich seine eigene Stimme. Es gibt kein einziges Werk, das man nicht sofort als seines erkennen würde. Ob er für Bigband schreibt wie im «Ebony-Concerto» oder für Unterhaltungsorchester wie im «Ragtime», ob er sich der Klassik verschreibt wie in «Dumberton Oaks» oder sich der alten Musik nähert wie im «Monumentum per Gesualdo», sein Tonfall bleibt unverwechselbar. Sein Werk spiegelt die gesamte Entwicklung der Musik im 20. Jahrhundert. Es hat ein Gesicht, das man unter Tausenden wiedererkennt, einen Klang, den man nicht vergisst. Und es verursacht das

Erdbeben, mit dem die moderne Musik ins Bewusstsein einer größeren Öffentlichkeit tritt.

Am 29. Mai 1913 erlebt die Welt einen der größten Skandale der Musikgeschichte. «Le sacre du printemps» wird im Théâtre des Champs-Élysées in Paris uraufgeführt. Strawinsky ist gerade 30 Jahre alt und weiß nicht, wie ihm geschieht. Aufruhr und Tumult sind ohne Beispiel. Wie ein Meteor aus dem All schlägt dieses Stück ein, mitten ins Herz der bürgerlichen Musikkultur. Wut und Raserei sind die Folgen. Etwas Bahnbrechendes hat sich ereignet.

Es geht um ein Frühlingsopfer, um Bilder aus dem heidnischen Russland, eine Ballettmusik in zwei Teilen. Die etwas provokante Ausstattung, so wird berichtet, hat mit zu der Aufregung beigetragen. Aber letztlich liegt der Sprengsatz in der Musik selbst, in ihrer Rohheit, in ihrer ungeschminkten Art. Nichts wird verdeckt, nichts übermalt. Blank und entblößt liegt sie da, die Süße einer Melodie suchen wir vergebens. Den Trost beredter Harmonien werden wir nicht finden. Die ursprüngliche Kraft des Rhythmischen rückt wieder in den Vordergrund.

Ein einzelnes Fagott klagt in extremer Höhe, nie hat ein Stück so angefangen. Die Klage ist lang, der Schmerz sitzt tief. Das Englischhorn setzt einen Kontrapunkt. Immer mehr Instrumente treten hinzu, spinnen die Klage fort. Dann ein neues Thema, keck und frech, Oboe und Trompete im Wechselgesang, die Es-Klarinette ganz für sich. Ein höchst komplexes Gebilde baut sich auf. Darin wimmelt es von Stimmen, wie morgens im Wald. Als es abreißt, klagt das Fagott noch ein letztes Mal, bevor der Tanz beginnt.

Der Tanz der jungen Mädchen. Zunächst noch vorsichtig im Pizzicato, einfach wie ein Kinderreim. Dann bricht sie durch und ist nicht mehr zu halten. Die Kraft des Rhythmischen. Zwei Tonarten ballen sich in einem Akkord. Er pocht und pocht. Die Hörner setzen scharfe Akzente gegen ihn.

Dazwischen jagen Schreie der Bläser durch die Luft, Schreie der Erregung, Schreie der Lust. Plötzlicher Absturz auf das tiefe F der Basstuben, von den Piccoloflöten mit einem scharfen Pfiff gekontert. Der Kinderreim ist zurück, rauf und runter, rauf und runter. Darüber tauchen Melodien auf, die so klingen, als wären sie dem Volksmund entnommen. Der Grundpuls beschleunigt sich, verdoppelt seine Geschwindigkeit. Das Flussbett wird enger, Motive schichten sich auf, Entladung tut Not.

Das Ritual der Entführung: In irrwitzigem Tempo flirren die Töne durchs Orchester, über Tremolo und Flatterzunge, die Hörner treiben jaulend zur Jagd. Die Musik schlägt Haken und wechselt häufig die Richtung. Ungerade Takte wechseln sich ab mit geraden, zwei gegen drei, drei gegen zwei. Schneidende Akkorde versuchen, dem entfesselten Spiel Einhalt zu gebieten. Nach einem heftigen Schlag auf die große Trommel gelingt es. Die Musik bleibt erschöpft auf einem Triller in den Flöten hängen.

In den hinein tönt das traurige Duett einer ganz kleinen und einer ganz großen Klarinette. Schwer und behäbig setzt sich der Frühlingsreigen in Bewegung. Das Thema hebt sich so mühsam, wie es sich senkt. Kaum Abwechslung, wir treten auf der Stelle. Bis die Pauke dazwischenfährt. Plötzlich sind alle wach, das matte Motiv entwickelt sich zu einem eindringlichen Appell, von den Posaunen mit beißendem Glissando verschärft. Orgelartige Mischklänge schieben sich in einer kühnen Kadenz übereinander. Plötzlicher Abpfiff: wir sind zurück im Ritual der Entführung. Es kann wieder nur mit Gewalt gestoppt werden. Die kleine Klarinette sucht sich die große Flöte zum traurigen Duett. Zeit zum Verschnaufen, wenn auch nur kurz.

Mit unverminderter Geschwindigkeit geht es hinein in das Spiel der rivalisierenden Stämme. Tuben und Posaunen mit drohenden Signalen, dagegen messerscharfe Rhythmen der Hörner, unterstützt von spitzen Pfeilen der Holzbläser. Trompeten und Geigen singen in Terzen. Hin und her wogt der Streit. Vier Tenortuben künden majestätisch von dem, was kommen wird: Der Auftritt des Weisen steht bevor. Im Moment seines Erscheinens verstummt alles wie auf einen Schlag. Langes, ehrfürchtiges Schweigen. Seine Ansprache ist kurz, aber eindrücklich. Kontrabass, Kontrafagott und Pauke bilden ein skurriles Trio, drei Takte lang. Dem folgt ein leiser Streicherakkord, kalt und weiß. Die Zeit steht still für einen Augenblick.

In diese Stille hinein die Explosion: der Tanz der Erde, von der großen Trommel mit riesigem Crescendo entfacht. Gesten des Aufheulens, peitschende Schläge, vorwärts stürmende Basslinien und dahinjagende Hornfanfaren, dies alles im schnellstmöglichen Tempo zu spielen, an der Grenze des Machbaren. Mit einem letzten, gewaltsamen Anlauf der Tuben endet der erste Teil. Es ist, als würde die Musik über eine Klippe rasen und ins Nichts fallen.

Wir öffnen den Fallschirm und betrachten aus der Höhe, wohin wir geraten sind. Strawinsky knüpft an alte Melodien an, an Gesänge aus längst vergangener Zeit. Er nutzt sie, zerlegt sie, stellt sie neu zusammen. Er entdeckt ihre verborgene Energie. Dazu die Urkraft des Rhythmischen. Der ewige Puls des Lebens. Das, was uns vorwärts treibt. Was uns in die Beine geht, den ganzen Körper in Schwingung bringt. Er lässt sie heraus, lässt sie ungehemmt wirken, nimmt ihr die Fesseln ab. Der Käfig wird gesprengt. Taktstriche und Schwerpunkte werden verschoben, bis wir völlig außer Atem sind.

Der zweite Teil beginnt in anderer Atmosphäre. Wie Boote auf dem Wasser schaukeln die Töne der Flöten und Klarinetten hin und her, D-Moll und Es-Moll reiben sich genüsslich aneinander. Ein Thema schält sich heraus, erst im luftigen Flageolett der Streicher, dann im hauchigen Ton der Altflöte. Zwei gedämpfte Trompeten sind ganz für sich allein. Strawinsky hat plötzlich alle Zeit der Welt. Er scheut sich nicht, einfachste Bausteine zu benutzen. Nach Belieben spielt er mit ihnen. Durch einen überraschenden Akzent kommt Unruhe auf. Leichtes Zittern, gespannte Erwartung. Die Wahl des zum Opfer bestimmten Mädchens steht kurz bevor. Unser Thema blüht noch einmal auf, in aller Schönheit. Vorbei! Ein erneuter Akzent lässt keinen Zweifel. Die Wahl ist getroffen. Die Musik stürzt zusammen. Elf harte Schläge kündigen die Verherrlichung der Auserwählten an.

Der Adrenalinspiegel steigt, das Herz schlägt wild in einem Rhythmus, der uns schwindelig macht. Hauptversatzstück ist ein 5/8-Takt, dessen erster Schritt länger ist als der zweite. Manchmal fügt er ihm einen kurzen hinzu, dann wird es ein 7/8-Takt, manchmal zieht er ihm einen ab, dann haben wir einen 3/8-Takt. So weit, so gut. Wären da nicht auch noch die Taktarten, die einen regelmäßigen Puls haben. Es ist die Kombination aus alledem, die uns so verwirrt. Die ständig wechselnde Reihenfolge der verschiedenen Modelle, die uns so hin und her wirft. Wir erwarten ständig etwas anderes als das, was kommt. Strawinsky kennt unseren innersten Wunsch nach klaren Verhältnissen und arbeitet mit Lust dagegen an.

Die Ahnen werden angerufen. Wie ein Donnerschlag fahren Celli und Bässe drein, die Pauke tut ihr Übriges. Darüber erklingen die Fanfaren der Bläser, hell und klar. Auftritt und rituelle Handlung, langsam schreitend, das Tamburin schlägt den Takt dazu. Zum ersten Mal greift die Basstrompete in das Geschehen ein. Die düstere Weise erklingt zunächst leise und geheimnisvoll, dann ohrenbetäubend laut im ganzen Orchester. Die Ahnen vollführen einen makabren Tanz, Hörner werden gestopft, und Streicher spielen grell am Steg. Dann geben sie Ruh und ziehen sich zurück, Klarinetten murmeln vor sich hin. Ein heftiger Akzent reißt uns hoch. Zeit für den Opfertanz.

Im Angesicht des Todes wird es ein ekstatischer Tanz, ein Tanz der Entgrenzung. Strawinsky komponiert diesen Vorgang mit kühler Berechnung. Er baut ihn langsam auf. Zunächst entwickelt er den Rhythmus der Ekstase. Unregelmäßige Zuckungen, die Bassfiguren führen sie an. Alle anderen schlagen nach. Das ist die schwerste Stelle. Als es ins Rollen kommt, wird harsch unterbrochen. Ein Akkord breitet sich aus, wird ständig wiederholt, nichts weiter. Doch Achtung, die Pausen dazwischen sind wie kleine Abgründe. Jeder kann hineinfallen. Wütende Zwischenrufe der Posaunen. Zweiter Anlauf zur Ekstase, einen halben Ton höher. Wieder wird unterbrochen. Jetzt drängt es vorwärts, jetzt kommt Zug hinein. Dritter Anlauf, kaum hat er begonnen, wird er überrollt. Motive türmen sich übereinander, die Menge tobt und feuert an, sie will das Opfer sehen.

Letzter Anlauf. Diesmal anders. Tuben und Pauken führen ihn mächtig an. Kein Takt gleicht dem anderen. Vielstimmig verzahnt sich das Geschehen. Dem Aufschrei der hohen Bläser antworten die Hörner. Immer dichter werden die Abstände, die Schreie häufen sich, schrauben sich hoch, geraten außer sich, sind nicht mehr aufzuhalten, wollen hoch hinaus, noch höher … Ein letztes Innehalten, ein Zittern, Luft entweicht. Schlusspunkt, der Tod. Ein Schlag, ein Fall, hart und dumpf. Das Ende.

Ein Nachspiel gibt es nicht. Kein Trost und keine Verklärung. Strawinsky beschreibt es, wie es ist, benennt die Realität, nicht mehr und nicht weniger. Er entzieht der Musik ihren Weihrauch, erlöst sie von ihrem Überbau und führt sie zurück zu ihren Wurzeln. Das heidnische Ritual des Frühlingsopfers hilft ihm dabei. Denn es ist ursprünglich, wahr, ganz und gar unsentimental.

Er selbst sieht sich dabei keineswegs als Revolutionär. Eher als Neuerer. Denn aus Revolution entsteht Chaos. Kunst aber ist das Gegenteil davon. Sie ist ihrem Wesen nach konstruktiv. Sie lebt von Disziplin und Ordnung. Kühnheit ist der Antrieb für die schönsten Aktionen, deren der Mensch fähig ist. Man darf ihr keine Grenzen setzen. Aber wahre Freiheit des Ausdrucks lässt sich nur innerhalb fest umrissener Absichten erreichen. Der «Sacre» ist ein glänzendes Beispiel dafür. Mit kaltem Herzen erdacht, kühl disponiert, sprengt er die Fesseln alles bisher Dagewesenen.

Strawinsky hat immer bestritten, dass Musik etwas ausdrückt. Töne und Rhythmen sind ihm genug. Er setzt sich für jedes Stück einen Rahmen und sucht darin die größtmögliche Vielfalt. Darin besteht für ihn die Aufgabe des Komponisten. In der Beschränkung sieht er die Herausforderung. In seinen Partituren findet sich nicht eine Note, die man weglassen könnte. Alles ist von bestechender Klarheit, von besonderer Ökonomie. Er beherrscht sein Metier. Er kennt sich aus. Er setzt seine Mittel gezielt ein. Immer strahlt seine Musik etwas Überlegenes aus, etwas bis ins letzte Durchdachtes. Es ist äußerst erfrischend, ihr zu begegnen. Sie birgt ein Licht, das nur aus tiefstem Wissen leuchten kann. Sie kennt die reinen Quellen und weiß mit ihnen umzugehen.

Strawinsky hat sich mit Vorliebe archetypischen Stoffen zugewandt. Besonders das Alte Testament und die griechische Mythologie haben es ihm angetan. Ob Abraham und Isaak, der Turmbau zu Babel oder die Sintflut, ob Apollon oder Persephone, Tochter der Demeter, ihnen allen hat er Stücke gewidmet, auf unterschiedlichste Art. Am eindrücklichsten vielleicht in «Oedipus Rex», einem Oratorium für Solisten, Männerchor und Orchester. Und das, obwohl er sich entschließt, diesen Mythos von Oedipus, der seinen Vater tötet und der Geliebte seiner Mutter wird, in lateinischer Sprache zu erzählen. So schafft er eine Distanz, in der sich die Handlung mit um so größerer Wucht entfalten kann.

Eines meiner Lieblingsstücke erzählt von Orpheus, wie er in die Unterwelt hinabstieg, um seine geliebte Eurydike zurückzuholen. Es stammt aus dem Jahr 1947, ist also gut 30 Jahre jünger als der «Sacre». Strawinsky hat inzwischen seine neoklassische Phase durchlaufen, die so ganz andere Werke hervorgebracht hat: zum Beispiel «Pulcinella». Er nimmt sich die Musik des italienischen Barock-Komponisten Giovanni Battista Pergolesi als Unterlage und übermalt sie im wahrsten Sinne des Wortes mit seiner eigenen. So als versehe er ein altes Gemälde mit neuen, frischen Farben. Ziemlich frech und sehr umstritten. Und meilenweit weg von der Sprache des «Sacre». Es hat ihn nicht angefochten. Mitten im Krieg schreibt er die Symphonie in drei Sätzen, in der er ihre klassische Form auf seine Weise nacherzählt. Er entdeckt neue Verfahren, verfeinert seine Sprache, präzisiert sein Vokabular. In «Orpheus» findet sich jener geläuterte Ton, der ein ursprünglich großes Gefühl in eine fest gefügte Form verwandelt, die später Auskunft geben wird über das, was einmal geschah.

Im ersten Bild weint Orpheus über den Tod seiner Geliebten Eurydike, die Harfe ist seine Lyra. Freunde bringen Geschenke und versuchen, ihn aufzuheitern. Ein luftiger Tanz, von den Streichern mit leichtem Bogen vorgetragen. Strawinsky ist inzwischen in der Lage, einen beweglichen, variablen Rhythmus zu erfinden, ohne Taktwechsel einzubauen. Er verschiebt Schwerpunkte nach Belieben, überrascht mit immer neuen Finessen, alles vor der Fassade einer scheinbaren Regelmäßigkeit.

Der Engel des Todes erscheint. Sein Ton ist ernst und streng. Er weist den Weg in die Unterwelt. Eine düstere Posaune begleitet ihn. Es ist ein schwerer Gang. Mühsam schleppen sich die Streicher von Ton zu Ton. Eine Richtung ist nicht zu erkennen. Die Furien nehmen Witterung auf, sie sind nervös und drohen. Achtel jagen von einer Stimme zur anderen. Dann ordnen sie sich. Ihr Tanz swingt in besonderer Weise. Ihre Gesten sind sparsam und vereinzelt über einem durchgehenden Beat. Hier kann man hören, dass

Strawinsky das Stück in Hollywood komponiert hat. Eine herrliche Stelle, witzig und gefährlich zugleich.

Im harten Gegensatz dazu der Gesang des Orpheus, der Hades, den Gott der Unterwelt, erweichen soll, Eurydike freizugeben. Die Referenz ist klar. Zwei Oboen singen im Stil von Johann Sebastian Bach, und doch ist es eindeutig Strawinskys Musik und sein Geheimnis, wie er das macht. Hades bleibt nichts anderes, als einzuwilligen. Die Furien verbinden Orpheus die Augen und schicken beide auf den Heimweg. Ein Pas de deux, bedächtig und zart. Nichts deutet darauf hin, dass Orpheus sich umdrehen wird. Ein einziger Takt reicht dem Komponisten, das anzuzeigen. Eurydike stirbt auf der Stelle. Die Streicher weinen. Es sind trockene Tränen.

Posaunen und Trompeten künden den Rat der Götter an, der nichts Gutes verheißt. Denn die Bacchanten fallen über Orpheus her und zerreißen ihn in der Luft. Natürlich geht es heftig zu. Aber im Vergleich zu früheren Stücken hält sich Strawinsky vornehm zurück, bewahrt Distanz und erfasst doch mit hellwachem Gespür den Kern des Vorgangs. Minutiös genau wird die Attacke geschildert, auch die Zerstörung ist ein Tanz, ist ein Spiel. Auf seinem Höhepunkt kommen erstmalig alle Instrumente zusammen. Es ist kein großes Orchester. Und doch entwickelt es ungeheure Kraft. Schlag um Schlag, bis nichts mehr von Orpheus übrig ist. Hier könnte das Stück enden. Doch Apollon rettet die Lyra und bringt sie himmelwärts, damit der Quell von Orpheus' Gesang niemals versiege. Zwei Hörner spielen dazu einen Kanon, der nicht enden will.

Es ist ein Ton in diesem Stück, der mich sehr bewegt. Er liegt weit unterhalb der Oberfläche. Er erinnert an ganz alte Musik, an Madrigale, an Canzonen, an italienische Meister der Renaissance. Er berührt mich, weil er den Gegenstand genauer benennt, als Worte und Beschreibungen es könnten.

Ich staune, mit welchem Gespür Strawinsky diesen Ton aufgenommen und verarbeitet hat. Vielleicht ist es kein Wunder, dass es ihm gerade für den Mythos des Orpheus gelingt. Er lässt ihn gerne singen.

Denn die Einheit des Werkes bewirkt seinen Widerhall. Sein Echo, das unsere Seele wahrnimmt, tönt immer weiter. Das fertig gestellte Werk verbreitet sich also, um sich mitzuteilen, und fließt endlich wieder in sein Urprinzip zurück. So schließt sich der Kreis. Und deshalb erscheint uns die Musik als ein Element, das eine Vereinigung mit unserem Nächsten schafft – und mit dem höchsten Wesen.

Als ich beim Heeresmusikkorps die Trommel schlug, lernte ich Christhard Zimpel kennen. Christhard kam aus Bremervörde und war ein Sonderling, denn er interessierte sich für moderne Musik. Er lud mich manchmal auf eine Tasse Tee in seine Stube ein und erzählte mir so dies und das. Er hatte viel zu erzählen. Er beschaffte mir auch Stoff zum Lesen, und schließlich fuhren wir gemeinsam zur Frühjahrstagung der Gesellschaft für Neue Musik nach Darmstadt.

Spiel   Also ins Mekka der Avantgarde. Die Tagung hatte Improvisation zum Thema. Ich erinnere mich wie heute an ein Konzert mit dem Posaunisten Vinko Globokar, dem Klarinettisten Michel Portal und dem Schlagzeuger Jean Pierre Drouet, das mich tief beeindruckt hat, weil es von Anfang bis Ende improvisiert war. Musik entwickelte sich ganz unvorhergesehen, das eine aus dem anderen, ungeheuer spannend. Und alles ohne Noten. Es kam mir vor wie Zauberei. Das wollte ich auch können.

Nicht umsonst heißt es ja: ein Instrument spielen. Die Sprache verrät uns sehr genau den ursprünglichen Charakter einer Tätigkeit. Spielerisch soll der Umgang sein. Erfinderisch, voller Lust an allen möglichen Varianten, mal links herum, mal rechts herum. Mozart konnte bekanntermaßen das Klavier auch auf dem Kopf stehend glänzend zum Klingen bringen. Wenn die Materie beherrscht wird, kann sich wahres Spiel voll entfalten. Das gilt übrigens auch im Fußball. Darum ist das Spielerische eine besonders hohe Form der Kunst. Meistens hart erarbeitet. Im Übrigen auch eine Veranlagung. Leichtigkeit und Witz, Sinn für Tricks und Schabernack sind unbedingte Voraussetzungen.

Heute spielt die Improvisation in der ernsten Musik kaum noch eine Rolle. Wir spielen nach Noten. Wenn wir an eine Stelle kommen, an der wir frei wählen und selbst bestimmen können, unterliegen wir großen Hemmungen. Man schämt sich fast, dem eigenen Spieltrieb nachzugeben. Da ist etwas verloren gegangen: Spontaneität, Lebendigkeit, Humor und Ausgelassenheit. Dabei könnte jeder improvisieren. Und ganz nebenbei eine Menge lernen über die Gesetze der Musik.

Als ich in Köln studierte, besuchte ich mit einigen wenigen Kommilitonen einen Kurs über Improvisation. Instrumente waren nicht erforderlich. Jedenfalls nicht die der üblichen Art. Wir erfanden uns selbst welche. Wir suchten nach Klängen, die wir für interessant hielten. Zum Beispiel das Blubbern mit einem Strohhalm im Wasserglas. Das Kreiseln mit einem runden Gegenstand, das sich immer mehr beschleunigt, bis es, wie durch einen Strudel erfasst, in einer letzten Verdichtung der Bewegung abrupt stoppt. Oder das langsame Entlangfahren an den Zähnen eines Kammes. Klare Tonhöhen wurden vermieden. Es waren Klangereignisse aus dem Alltag, die jeder kennt und von denen es Tausende gibt. Sie mussten lediglich hörenswert sein, wiedererkennbar, das Ohr in besonderer Weise reizen. Wir waren zu viert. Jeder Mitspieler durfte zwei bis drei solcher Ereignisse auswählen, und dann ging es los. Zunächst versuchten wir eine Zeit von fünf Minuten zu gestalten. Wir agierten in einem luftleeren Raum, ohne Töne, ohne herkömmliche Form. Es war im wahrsten Sinn des Wortes ein spielerisches Lernen. Wir nahmen unsere Versuche auf und hörten sie ab. Wir entdeckten allmählich, wie sich auch solche Klangereignisse sinnvoll verbinden ließen. Dass es durchaus Gesetzmäßigkeiten gibt. Auf welche Weise etwas aufeinander folgen muss. Wann Pausen anstehen, wann es weitergehen muss. Dadurch, dass wir herkömmliche Klänge vermieden, hörten wir genauer hin. Das war ein großer Vorteil. Klischees waren ausgeschlossen. Wir waren bei der Substanz angekommen. Höchst interessant. Ich kann es nur empfehlen.

Nachahmung ist das erste Spiel. Wir lernen alles nur durch sie. Wir gucken ab, wir imitieren Gesten, Sprache, Mimik. Dadurch entsteht Kommunikation, Verständigung. Auch in der Musik spielt Nachahmen eine große Rolle. Motive tauchen wieder auf. Aha, das kenn ich doch. Das hab ich schon gehört. Melodische Floskeln werden hin und her geworfen. Zusammenspiel entsteht durch Austausch, durch Aufeinanderfolgen. Der Kanon ist seine einfachste Form. Jeder macht jeden nach, alles dreht sich umeinander. Die Fuge ist die höhere Form. Alles flüchtet, verfolgt einander. Ein Spiel, so kunstvoll, dass es nur wenige meisterlich beherrschten. Johann Sebastian Bach ist sicher der König unter ihnen. In seinen Fugen kann man sich verirren, so verschlungen und verflochten sind sie.

Der Zufall ist immer mit dabei. Spielt immer eine Rolle. Manchmal sind die Karten so verteilt, dass es sich fügt. Ein anderes Mal will es partout nicht klappen, obwohl alles danach aussieht. Neues Spiel, neues Glück. Wenn man darauf vertraut, kann man Überraschungen erleben. Manch große Idee wurde durch Zufall geboren, manche Wendung des Geschicks ergab sich durch Unvorhergesehenes, manch geniale Lösung durch einen Irrtum, der uns auf die rechte Spur brachte. Wie Nietzsche sagt: «Es ist das Zufällige, was einem zufällt.»

Der Würfel mit seinen sechs Seiten als Symbol des Zufalls, als Grundvoraussetzung für jedes Spiel. Die Zahlen eins bis sechs, dreimal ergibt sich sieben in der Summe zwischen zweien. Das muss die Komponisten interessieren. Schon zu Mozarts Zeit macht man sich den Spaß des Würfelkanons. Einzelne Versatzstücke, einzelne Takte werden mit Nummern versehen und je nachdem, wie der Würfel fällt, zusammengesetzt. Ein munteres Gesellschaftsspiel. John Cage erhebt es zum Prinzip. Würfelt selbst, um zu entscheiden, wie es weitergeht. Überlasst die Entscheidung diesem kleinen Ding, das so unnachahmlich rollt und plötzlich liegen bleibt. Drei, Zwei oder Fünf, man weiß es nie. Bisweilen hängt viel davon ab.

Das Spiel mit Zahlen. Ein beliebter Zeitvertreib. Für Komponisten mehr als das. Eine Art Kurzschrift für das Klingende. Eine Tonleiter hat sieben Töne, aus denen auch die Grundakkorde gebildet werden. Zu Zeiten des Generalbasses gibt man sie durch Zahlen an, und jeder weiß Bescheid. Die Mühe ist gespart, die Noten einzeln auszuschreiben. Eine Methode, die der Jazz übernommen hat. Arnold Schönberg erhöht auf zwölf. Und wer ging mit?

Überhaupt Schönberg: wer weiß schon, dass er ein großer Spieler war? Ein Bastler, ein Erfinder, ein Spaßmacher. Im Garten seines Hauses in Los Angeles ist ein Trampolin eingelassen. Ich hab es selbst gesehen. Er spielte leidenschaftlich Tennis. Zum Beispiel mit George Gershwin. Erfand das Koalitionsschach für vier Personen, entwickelte sein eigenes Kartenspiel. Das Schreckgespenst der Zwölftonreihe gehört auch in diesen Zusammenhang.

Es ist ein Jammer, dass er und Strawinsky nie zueinander fanden. Da war zu viel Konkurrenz im Spiel, zu viel Richtungskampf. Dabei hätten sie sich bei einer Partie Poker sicher ganz gut verstanden. Warum auch nicht? Beide lebten in

Los Angeles, im Exil. Ein Treffen wäre gar nicht aufgefallen. Und die leidige Diskussion, wer tot und wer lebendig für den Fortgang der Moderne, wäre vielleicht ausgeblieben.

Die Lust, mit einer festgelegten Zahl von Elementen und klaren Regeln umzugehen, ist Wesen eines jeden Spiels. Sind sie gut ausgedacht, entwickelt es sich stets auf andere Weise. Ergeben sich wie von allein andere Konstellationen, andere Zusammenhänge. Igor Strawinsky erfindet in jedem seiner Stücke Figuren, Regeln und das Spielfeld neu. Dann lässt er sie aufeinander los und guckt amüsiert dabei zu. Scheint selbst überrascht, was alles sich ergibt, und hat Spaß daran. Seine Stücke gehören zu denen, die mir gute Laune machen. Wegen des Spieltriebs, der in ihnen steckt. Wegen des Humors, wegen des Augenzwinkerns. Seine Musik sprudelt von guten Ideen, sie funkelt und blitzt in jeder kleinsten Note, sie narrt uns, sie täuscht, sie durchschaut uns, sie lacht.

Ich hätte gern gewusst, ob Strawinsky Billard spielte. Drei Kugeln, zwei weiße und eine rote. Die sich bei jedem Stoß berühren müssen, sodass danach ein neues Dreieck entsteht zwischen ihnen. Unendliche Möglichkeiten, keine Situation gleicht einer anderen. Von Mozart weiß ich, dass er ganze Nächte damit verbrachte. Ich bilde mir ein, das immer mitzuhören. Wie sich die Kugeln treffen, voneinander abprallen, ausrollen, schließlich ruhen. Nichts bleibt, wie es war.

*E*r war ein stiller Mensch, sprach leise und bedächtig. Er schien vollkommen im Einklang mit sich selbst zu sein und strahlte eine große Ruhe aus. Jene Ruhe des Geistes, die darin besteht, frei von Neigungen und Abneigungen zu sein. Er ging wie ein Heiliger durch die Welt und ließ sich durch nichts beirren. Er hat ganz anders über Musik nachgedacht, ihr innerstes Wesen neu bestimmt und ein Leben lang danach gehandelt.

John Cage   Wir probten sein «Konzert für präpariertes Klavier und Kammerorchester» in Frankfurt am Main. John Cage war in der Stadt. Es gelang uns tatsächlich, ihn zu einem Besuch zu bewegen. Er kam, setzte sich in eine Ecke und hörte aufmerksam zu. Das war ein großer Tag für das Ensemble Modern. Mein alter Freund Hermann Kretschmar spielte den Solopart. Er hatte die Saiten des Flügels gewissenhaft präpariert. Mit Metallplättchen, mit Gummiproppen, mit Holzschrauben und Papierstreifen. Es klang unglaublich. Das Orchester tritt dieser bizarren Welt mit seinen klassischen Instrumenten entgegen, mit ausgehaltenen Tönen, mit Akkorden, gar mit Dreiklängen, sodass man an Alte Musik erinnert wird. Das Unbekannte in Gestalt des verfremdeten Klaviers trifft auf das Bekannte, der präparierte, verzogene Ton auf die reine, leere Saite einer Geige. Im ersten Satz dominiert das Orchester, vorsichtig tasten sich die neuen Klänge hinein. Im zweiten kommt Wind auf. Der Solist hat Mut geschöpft, wirkt verspielt, probiert sich aus. Im dritten Satz trifft zusammen, was vorher getrennt war. In den Zwischenräumen entstehen lange Pausen. Die Ereignisse werden immer spärlicher. Allmähliches Verstummen. Das Spiel hat sich erschöpft. Cage schien zufrieden zu sein. Er sagte nichts.

Dann war Pause. Er wollte gehen und kam nach vorn, um sich zu verabschieden. Und fragte so ganz nebenbei, was wir als Nächstes spielten. Ein Stück von Erik Satie: «Socrate». Da bekam er glänzende Augen und entschied zu bleiben. Das wollte er sich nicht entgehen lassen.

Erik Satie ist ein französischer Komponist und lebt zur Zeit von Claude Debussy. Er wendet sich vor allem gegen das Schwelgerische, das übertrieben Gefühlsmäßige und schreibt eine Musik, die das komplette Gegenteil verkörpert. Sie bevorzugt Leere und lange Weile und versucht, jeglichen Ausdruck zu vermeiden. Er hat die «Sonate bureaucratique» geschrieben. Oder die «Gymnopédies», herrliche Melodien, die ganz sich selbst genügen. Eines seiner berühmtesten Stücke heißt «Vexations», das bedeutet in etwa «Quälungen». Es ist ein Klavierstück von zwölf Takten, das in äußerst langsamem Tempo nicht weniger als 840 mal gespielt werden soll. Eine Aufführung dieses Werkes dauert über 18 Stunden. Von einem Pianisten allein kaum zu schaffen. Es besteht aus ein paar diffusen Akkorden, die richtungslos um sich kreisen. Eine Melodie wandert darin herum, ohne Gestalt und Ziel. Diese Musik will sich nicht einprägen, trotz all der Wiederholungen. Dennoch geht von ihr ein eigentümlicher Zauber aus. Sie trägt durch eine ganze Nacht.

«Socrate» beschreibt Wesen und Haltung des großen griechischen Philosophen. Wie er den Fragen seiner Schüler eigene Fragen entgegenhält. Indem sie diese beantworten, erfahren sie, was sie eigentlich wissen wollten. Weil es darum geht, die richtigen Fragen zu stellen. Dann finden wir die Antworten, die wir suchen. Sokrates wird angeklagt, die Jugend zu verderben, und zum Tode verurteilt. Er trinkt das Gift aus dem Schierlingsbecher, in äußerster Gelassenheit.

Wir fingen an, zu spielen. John Cage lauschte mit besonderer Andacht. Nach kurzer Zeit erhob er sich und kam nach vorn. Ich unterbrach. Er bat mich, etwas sagen zu dürfen. Aber natürlich, gern. Er hielt eine kleine Rede. Ihr wollt viel zu viel, ihr seid viel zu engagiert dabei. Wie bitte? Zu viel? Zu engagiert? Das hatte uns noch niemand gesagt. Was meinte er ... Diese Musik will gar nichts, sie hat keine Richtung, geht nirgendwo hin. Eine Musik ohne Richtung? Gab es das? Ein Nacheinander musste doch ein Ziel haben ... Ihr müsst ohne Absicht spielen, ohne inneren Antrieb, ohne eigenen Willen. Wie? Ohne Willen? Ging denn das? Konnten wir Töne erzeugen, ohne eine Absicht zu haben? Das war doch ein Widerspruch in sich selbst ... Macht euch innerlich ganz leer, versucht, euch einfach dem Fluss der Musik zu überlassen. Das alles war so neu, so ungewohnt. Und doch, er sagte es mit einem Lächeln, mit seiner feinen, singenden Stimme, aus der die Erfahrung sprach, dass es möglich war. Wir versuchten es. Er unterbrach. Nein, nein, nicht gleich Crescendo, kein Vibrato, nichts von alledem. Noch einmal. Es war schwer, sich von allem zu trennen, was sonst selbstverständlich war. Dass eine Phrase vorwärts geht, dass sie ein Ziel hat. Nur nichts wollen. Ruhig werden. Einfach geschehen lassen.

Dann geschah es, es war wie ein Wunder. Plötzlich klang Saties Musik richtig. Sie machte Sinn, sie ergab sich wie von selbst. Eine unglaubliche Erfahrung. Dieser freundliche Mann hatte uns mit ein paar Worten dazu gebracht, den Ton des Stückes präzise zu treffen. Durch seine Anwesenheit, die in ihrer ganzen Erscheinung für das einstand, was er sagte. Er war zufrieden und ging an seinen Platz. Und lächelte still in sich hinein. Er hatte uns gezeigt, was nur ein Weiser sehen kann.

John Cage wird 1912 in Los Angeles geboren. Sein Vater ist Erfinder. Der Traum eines jeden Jungen. Ein richtiger Erfinder, der zum Beispiel an einem System arbeitet, mit dem sich Flugzeuge im Nebel orientieren können. John hilft ihm, wenn er kann. Aber er hat auch künstlerische Interessen. Tante Phoebe bringt ihm ein bisschen Klavierspielen bei. Er denkt daran, Schriftsteller zu werden, geht nach Paris. Interessiert sich für Architektur, für Poesie und Malerei, möchte am liebsten alles auf einmal machen, warum eigentlich nicht? Irgendwie hängt er an der Musik. Arbeitet mit Henry Cowell, einem Freund von Charles Ives, der den Cluster erfunden hat, ein Haufen von Tönen, die mit der ganzen Hand oder dem Arm gleichzeitig angeschlagen werden. Aber er will bei einem großen Meister lernen, einem Meister der Moderne. Es gibt nur zwei Möglichkeiten, Strawinsky oder Schönberg. Beide wohnen in Los Angeles, im amerikanischen Exil. Strawinsky unterrichtet nicht. Da geht Cage zu Schönberg. Der fragt ihn, ob er bereit sei, sein Leben der Musik zu widmen. Als er bejaht, nimmt Schönberg ihn als seinen Schüler auf, auch ohne Bezahlung. Zwei Jahre studiert Cage bei ihm, Kontrapunkt und Analyse, belegt alle Kurse an der Universität. Er bewundert ihn, findet ihn außergewöhnlich, betet ihn an. Er glaubt, was er sagt und lehrt. Vor allem, dass jede Musik eine Struktur braucht. Doch da ist diese verflixte Harmonielehre, mit der kommt er nicht klar. Zunächst denkt er, dass es seine Schwäche sei, bis er dahinter kommt, dass die Lehre von den Harmonien ihn einfach nicht interessiert. Schönberg hat dafür natürlich überhaupt kein Verständnis. Obwohl sie immer gut miteinander ausgekommen sind, trennen sich ihre Wege. Cage lässt die reinen Klänge hinter sich, folgt seinem Instinkt und wendet sich der Welt der Geräusche zu.

Bei Henry Cowell hat er es zum ersten Mal gehört. Was man so alles im Inneren eines Klaviers anstellen kann. Zum Beispiel die Saiten mit den Fingern zupfen, oder mit Strickna- deln darüber fahren. Daran erinnert er sich, als er Musik für die Tanztruppe von Bonny Bird schreiben soll, möglichst mit Percussion. Aber für Schlagzeug ist auf der Bühne kein Platz, da steht nur ein alter Flügel. Was tun? Er holt sich eine Tortenplatte aus der Küche, beschwert sie mit einem Buch und legt sie auf die Saiten des Instruments. Das scheppert heftig, allerdings springt sie bei jedem Anschlag wild herum. Der Klang gefällt ihm, er fühlt sich auf dem richtigen Weg. Aber die Tortenplatte lässt sich nicht ausreichend befestigen. Also experimentiert er mit Nägeln und Schrauben, mit Dichtungsleisten und allem Möglichen, das ihm in die Finger kommt. Er klemmt diese Gegenstände zwischen die Saiten, und zwar genau dort, wo sie eine besondere Wirkung erzeugen. Allmählich entsteht ein System von Klängen, die man so noch nie auf einem Klavier gehört hat. Ein klassischer Konzertflügel verwandelt sich in ein exotisches Schlagzeug.

Die Anweisungen zur Präparierung sind sehr präzise, auf jeden Zentimeter kommt es an. Damit es so klingt, wie Cage sich das vorgestellt hat. Das Herunterdrücken einer Taste bringt nicht den üblichen klaren Ton hervor, sondern eine komplexe Fülle aus herausgefilterten Anteilen und geräuschhaftem Pochen. Dabei hängt es sehr davon ab, an welcher Stelle der Saite der übliche Schwingungsvorgang unterbrochen, aufgespalten oder abgelenkt wird. Herkömmliche Tonleitern werden zu Vierteltonskalen umgebogen, Akkorde zu glockenartigen Mixturen verfremdet, und manchmal macht es einfach nur plopp, weil die Resonanz komplett verhindert ist.

Dass Gegenstände eine Seele haben, die zum Leben erweckt werden kann, wenn sie in Schwingung versetzt werden, begeistert ihn und lässt ihn nicht los. Er schlägt, er reibt und streicht alles, was er finden kann, in der Küche, im Arbeitszimmer, auf der Straße, im Studio, ganz einfach überall. Dabei entdeckt er ein ganzes Universum von Klängen, die in der Musik bisher nicht vorkommen: die Welt der

Geräusche, die uns in tausendfacher Zahl an jedem Tag begegnen, ohne dass wir sie wirklich wahrnehmen. Denn sie gehören nicht zu dem, was wir Musik nennen. Weil das so ist, hören wir nicht auf sie. Weil sie in ihr nicht vorkommen, hören wir ihnen nicht zu. Cage aber tut genau das. Er spürt jedem klanglichen Ereignis nach, das seine Ohren erreicht. Er unterscheidet nicht nach Musikalischem und Nichtmusikalischem, für ihn ist alles, was klingt, zunächst einmal interessant und wert, es anzuhören.

Ich halte einfach nur meine Ohren offen und meinen Geist leer, aber wachsam, weiter nichts. Und das Ergebnis ist, dass ich Töne hören kann, die rein oder unrein klingen – vermutlich macht das einen Unterschied, aber keinen, den ich irgendwie bewerten würde. Ich versuche, jeden Ton so wahrzunehmen, wie er ist.

Es ist sehr reizvoll, es selbst auszuprobieren. Durch irgendein Zimmer zu gehen und jeden Gegenstand zu berühren. Ihn mit dem Knöchel des Zeigefingers anzuklopfen. Mit den Fingernägeln über seine Oberfläche zu streichen. Alle Geräusche, die dabei herauskommen, unterscheiden sich voneinander. Die meisten sind kurz und haben keine Tonhöhe. Weil das Material zu fest gefügt ist und nicht nachschwingen kann. Metall, Holz, Plastik, Glas und Stoff. Jedes klingt anders. Je nach Oberfläche, je nach Beschaffenheit. Es lohnt sich, hineinzuhören.

Ich liebe den Klang von Windspielen, auch windchimes genannt. Fünf Glockenstäbe, die kreisförmig angeordnet sind, den Klöppel in ihrer Mitte. Man hängt sie am besten auf den Balkon oder sonst wohin, jedenfalls an die frische Luft. Nehmen wir an, es wäre ein schöner Sommertag. Zeit, sich in die Sonne zu setzen, die Augen zu schließen und gar nichts zu tun. Ein Wind käme auf und würde die Glocken in

Bewegung bringen. Sie begännen zu klingen, einzeln, nacheinander, kleine Melodien bildend, zusammen, gebündelt, wild hin und her schwingend, kaum hörbar und zart. Je nachdem, wie es weht und aus welcher Richtung. Da ist der Zufall mit im Spiel. Es könnte aber auch sein, dass es windstill ist. Dann hört man anderes. Vogelgezwitscher vielleicht oder Autolärm, rauschende Zweige oder das Geräusch einer Klimaanlage. Menschen, die sich etwas zurufen, heulende Polizeisirenen, Radios oder nur die stille Hitze eines Nachmittags. John Cage würde sagen, das alles ist Musik. Man kann es über Stunden verfolgen, sich hineinversenken. Jeder kann es tun, niemand ist ausgeschlossen. Er selbst besaß weder Radio noch Plattenspieler. Er liebte die Verkehrsgeräusche an der 6th Avenue in New York, wo er lebte. Wenn er Musik hören wollte, machte er einfach die Fenster auf.

Seine eigene klingt danach. Er komponiert für Radios, schreibt für Blechbüchsen, Klavier und Plattenspieler. Er liebt das Donnerblech, das Drahtknäuel, das an der Nadel eines Tonkopfes entlangfährt. Ein martialisches Geräusch, das einem durch Mark und Bein geht. Der Wassergong, «slinky» genannt, ist seine Erfindung. Ein klingender Gong wird in Wasser getaucht und erzeugt dieses unnachahmliche Glissando. Aber er hat auch den Stacheln eines Kaktus Klänge abgelauscht, ihre geheimen Tonhöhenverhältnisse verstärkt und hörbar gemacht.

In dieser klanglichen Welt darf alles vorkommen, was ihm hörenswert erscheint. Der reine Ton ist nur noch eine Möglichkeit unter vielen. Mit einem Schlag ist das Vokabular der Sprache Musik ins Unendliche ausgeweitet. Wie soll eine Grammatik aussehen, die diese Unendlichkeit fassen, sie in einer Form binden kann? Wie Ordnung schaffen in dieser unüberschaubaren Vielfalt? Wie können wir all diese verschiedenen Ereignisse als zusammenhängend begreifen?

Cage lässt sie geschehen, so wie sie sind. Er zwingt sie

nicht in ein vorgefertigtes Schema. Er gibt ihnen den Platz, den sie brauchen. Die Form ähnelt dem Verlauf eines sommerlichen Nachmittags, sie ist offen und unvorhersehbar, eben wie das wirkliche Leben. Cage nennt sie eine leere Zeitstruktur.

Er will ja ohnehin nicht mehr der alleinige Autor seiner Stücke sein. Er möchte ihren Ablauf nicht kontrollieren, sondern ihn einem gewissen Zufall überlassen. Der Fortgang der Musik darf nicht von den Gefühlen und Gedanken des Komponisten abhängen. Cage will Fragen stellen, keine Antworten geben. Er befragt das I-Ging, das Buch der Weisheit, dessen zentrale Zahl die 64 ist. Aus seinen Zahlendiagrammen erfährt er die Möglichkeiten, die zur Verfügung stehen. Diese Erkenntnisse weisen ihm den Weg. Manchmal übergibt er sie direkt dem Interpreten, der die Wahl hat, wie es weitergeht.

Spiele es in einem Tempo, das dir angemessen erscheint, wiederhole von Punkt A oder Punkt B, entscheide, an welcher Stelle du beginnen willst. Der Ausführende ist sich selbst überlassen. Er muss mit seiner gewonnenen Freiheit verantwortungsbewusst umgehen. Er muss in sich hineinhören, damit er das tut, was wirklich dran ist. Cage geht ein hohes Risiko ein. Damit seine Musik wahrhaft frei entstehen kann.

Um dem Ablauf des Lebens möglichst nah zu sein, gilt nicht das Zeitmaß des Tempos, sondern das der Uhr. Bei null geht es los. Die Noten sind wie ein Drehbuch. Nach Minuten und Sekunden ist festgelegt, was zu geschehen hat. So auch in einem meiner Lieblingsstücke von Cage, der «Water Music».

Ein Pianist kommt auf die Bühne. Setzt sich an den Flügel. Die Partitur, bestehend aus sechs großen Seiten, sollte für das Publikum sichtbar sein. Eine riesige Stoppuhr wird gestartet. Nach 21,5 Sekunden spielt er einen kurzen Akkord.

Stille. Bei Sekunde 30: «duck whistle in a bowl of water», solange der Atem reicht. Nach genau einer Minute ein weiterer Akkord. Umrahmt von Schweigen. Wenige Aktionen, hinein in die sichtbar verfließende Zeit. Plötzlich schlägt er den Klavierdeckel zu, mischt Karten und verteilt sie über die Saiten im Inneren des Instruments. Von jetzt an wird es anders klingen. Er stellt ein Radio an, Frequenz 75 Kilohertz, da gibt es keinen Sender. 88, dann 102, leichtes Knistern, verzerrte Blasmusik, Nachrichten, wer kann das wissen. Stille. Er verharrt unbewegt vor seinem Instrument und folgt dem Zeiger, der unaufhaltsam fortschreitet. Nach vier Minuten und 48,75 Sekunden gießt er Wasser von einer Schüssel in die andere. Absurd, in jeder Hinsicht. Pizzicato, präparierte Saiten. Inzwischen sind die Tasten wieder frei. Ein Arpeggio, Dominante, Tonika, eine Fingerübung. Sie kommt gleich dreimal. Banal und doch so passend. Er bläst in eine Pfeife, die nur mit Wasser funktioniert. Wir fühlen uns auf den Arm genommen. Erneute Stille. Die Uhr tickt weiter. Sirenenklänge. Nach sechs Minuten und 40 Sekunden wird das Radio abgestellt. Das Stück ist aus. Allgemeine Heiterkeit. Wenn es mit dem nötigen Ernst vorgetragen wird, erhält es jene strenge Leichtigkeit, jenen feinen Humor, der Spuren hinterlässt.

«As slow as possible» ist ein weiteres Stück von Cage. Wir nennen es der Einfachheit halber «ASLSP». Fern davon, unterhaltsam zu sein, nimmt es seinen Titel bitterernst. Wie langsam ist «so langsam wie möglich»? Ein Symposion klärt diese Frage. Und entscheidet sich, das Werk so aufzuführen, dass es 639 Jahre dauert. Gespielt auf einer Orgel im sachsen-anhaltinischen Halberstadt. Das Ganze hat symbolische Bedeutung. Im Dom zu Halberstadt stand die erste Großorgel der Welt, gebaut 1361, genau 639 Jahre vor der Jahrtausendwende. Sie hat zum ersten Mal eine zwölftönige Klaviatur, nach der wir uns heute noch richten. Seit dem Jahr 2000 läuft das Stück «ASLSP» von John Cage. Es steht noch ganz am Anfang. Inzwischen ist ein Dreiklang erreicht, der weiter wachsen wird.

Ein gewaltiges Vorhaben, ein unüberhörbares Zeichen des Vertrauens in die Zukunft. Wer jemals dort vorbeikommt, sollte dringend lauschen. Hinein in eine Langsamkeit, die immer noch viel schneller ist als das, was im Universum vor sich geht. Offene Ohren sind dafür die besten Voraussetzungen. Die kann jeder haben. Oder wie Cage so treffend formulierte: «Viele denken, Kunst hätte mit Verstehen zu tun, aber das ist nicht der Fall. Sie hat vielmehr mit Erfahren zu tun.»

John Cage will immer wieder bei null anfangen. Alle Fragen neu stellen, nichts vorher wissen. Er will Bewusstsein schaffen für alles, was klingt. Will aufmerksam machen auf die unzähligen Wunder, die jeden Tag überall wahrzunehmen sind. Will uns lehren, unser ständiges Wollen und Streben zurückzunehmen, damit wir bereit sind, damit wir uns einlassen auf die Schönheiten, die alle schon da sind. Lasst uns die Ohren und die Sinne ganz weit aufmachen. Hören wir auf ihn. Es wird uns verändern.

*I*ch bin also abgehauen. Habe mich aufgemacht. Mein Vater war nicht traurig. Er vertraute mir. Er verstand nicht alles, konnte nicht in allem folgen, aber er spürte, dass ich suchte, und war stolz auf mich. In der Rückschau wirkt Gelebtes bisweilen viel zu geradeaus. Es gab auch Zweifel, Unschlüssigkeit, nicht wissen, wohin. Auszeiten, Umwege, leere Stellen. Ein ganzes Jahr lebte ich ohne Musik, wollte erfahren, was es sonst noch gibt, Theater,

Unterwegs

Dichtung, Philosophie. Dann kehrte ich zurück, auf meine Weise, mit eigenem Plan. Ich war ein guter Pianist, aber es reichte nicht für mehr. Ich nahm ein zweites Hauptfach, Tonsatz und Harmonielehre. Wollte herausfinden, was die Musik im Innersten zusammenhält. Schrieb Fugen, Menuette, studierte Formen, analysierte Rhythmen und Akkorde. Überlegte hin und wieder, ob ich zum Dirigieren tauge. Aber ich fühlte mich noch nicht so weit. Ich hielt stattdessen Ausschau nach dem Ungewöhnlichen, folgte ihm unbesehen.

In der Kantine wurden Zettel verteilt: Mauricio Kagel kündigt ein Seminar über den Futurismus an. Ein Klavierspieler wird gesucht. Das war es. Ich schlug zu. Alexander Skrjabin kannte ich vom Hörensagen. Die anderen Namen gar nicht. Egal. Ich machte mit. Mit einem Schlag war ich weg vom ewigen Einerlei des Übens ohne Ziel. Es gab einen Zusammenhang. Ich nahm teil an einer größeren Sache. Und was für einer: der Futurismus, schon das Wort klang vielversprechend. Zukunftsmusik, genau das Richtige für mich. Ohne wirklich zu wissen, was mich erwartete, warf ich mich hinein, vornehmstes Recht der Jugend. Ich befand mich auf

Kurs, der Wind blies schräg von vorn. Und niemand, der ihn mir streitig machen konnte.

Der Futurismus taucht zu Beginn des 20. Jahrhunderts in Russland und Italien auf. Er will den zunehmenden Lärm des Alltags in die Musik einführen. Das gewöhnliche, uns umgebende Geräusch. Alexander Mossolow schreibt seine «Eisengießerei». Ein ohrenbetäubendes, grelles Stück, das nichts anderes versucht, als fünf Minuten aus dem Prozess, Metall im Hochofen heiß zu glühen, um es dann mit wilden Schlägen zu schmieden, in Klang umzuformen. Das ist nichts für Zartbesaitete, nichts für delikate Gemüter. Man versteht sein eigenes Wort nicht mehr. Die Bratschen sägen regelrecht am Steg. Ein Donnerblech wird geschwungen. Pfeifende, scharfe Flageoletts lassen Dampf ab. Gewaltige, das ganze Orchester durchzuckende Rhythmen vermitteln hautnah das ununterbrochene Pulsieren der Fabrik. Tag und Nacht. Erbarmungslos. Die Hörner spielen im Stehen und übertönen alle. Atemberaubend.

Mossolow hat auch ein Klavierkonzert geschrieben. Ebenfalls ein wildes Stück, laut und hämmernd. Doch dann verliert sich seine Spur. Er wird wie viele seiner Zeitgenossen zum Opfer der russischen Revolution, die sie erst fördert und dann fallen lässt. Es wäre an der Zeit, dem nachzugehen. Viele junge Künstler sind dabei verschollen, zerbrochen, im Niemandsland verschwunden. Ihre Ideen, ihre Entwürfe mit ihnen. Nur wenige überleben. Nicolas Obouchow zum Beispiel. Er erfindet eine neue Art der Notation. Nur schwarze und weiße Tasten werden unterschieden, herkömmliche Vorzeichen gibt es nicht mehr. Sein «Préface au livre de vie» ist ein visionäres Werk, einmalig in Form und Besetzung. Arthur Lourié schreibt die «Formes en l'air». Einzelne Takte hängen an dünnen Fäden, sind wie ein Mobile in der Luft aufgehängt. In welcher Reihenfolge sie zu spielen sind, bleibt offen. Frei schwebend eben.

Genauso fühlte ich mich. Frei schwebend. Noch nicht ganz weg, noch nicht ganz angekommen. Im Zwischenland. Ich hatte Blut geleckt. Ich ahnte, wo es hin ging. War unterwegs, hinein in die Moderne, in dieses ungeheuer weite, wilde Land. Alleine aufzubrechen ist nicht leicht. Es braucht Mut und Kraft und langen Atem, bringt viel Einsamkeit. Man stellt sich Fragen, prüft, hofft, verzagt, vertraut sich und – gewinnt.

Ich spielte Schönberg und hatte das besondere Glück, zum Ensemble Modern zu stoßen. Dort fand ich Gleichgesinnte, Freunde, Mitstreiter, deren Neugierde der meinen entsprach. Die wie ich bereit waren, Risiken einzugehen. Gemeinsam brachen wir auf, halfen uns gegenseitig. Wir hatten keinen Plan, wo zu beginnen sei. Wir gingen munter drauflos. Betraten das Gebiet an den verschiedensten Stellen. Ohne Karte und Kompass. Einfach der Nase nach. Wurden fündig, zogen weiter, kamen zurück oder auch nicht. Nahmen für uns in Anspruch, Irrtümer zu begehen, Dummheiten zu machen. Waren beflügelt von dem Gefühl, an einer besonderen Mission teilzuhaben. Es war eine fantastische Zeit. Sie prägt mich bis heute.

Mein erstes Stück beim Ensemble sind die «Tempi concertati», «Zeiten des Wettstreits», geschrieben von Luciano Berio, dem wichtigsten italienischen Komponisten neben Bruno Maderna und Luigi Nono. Als ich die Noten erhalte, traue ich meinen Augen nicht. Eine solche Klavierstimme habe ich noch nie gesehen. Das Entziffern der Symbole und das Ausrechnen der Rhythmen beschäftigt mich tagelang. Das Erlernen der Noten dauert Wochen. Von einem Verstehen der Musik im Sinne dessen, was ich bis dahin gelernt hatte, ganz zu schweigen. Es ist die Begegnung mit einer völlig unbekannten Sprache. Allmählich taste ich mich voran, vorsichtig erforsche ich die neue Umgebung. Die Angst, mich nicht zurechtzufinden hält sich die Waage mit einer nie gekannten inneren Erregung, endlich anzukommen. Mit Bangen gehe ich in die Probe mit den anderen. Gleich wird alles auf den Kopf gestellt, was bisher galt. Vier Instrumentengruppen in den vier Ecken eines Saales, der Dirigent in dessen Mitte, die Bühne leer. Der Zuhörer sitzt mittendrin und kann mir auf die Tasten gucken. Klänge fliegen durch den Raum. Konstellationen wechseln, manchmal spielen Instrumente zusammen, die mehr als zwanzig Meter auseinander sitzen. Dietmar Wiesner, der Solist an der Flöte, agiert im Zentrum wie der Turm in der Schlacht. Die Koordination ist äußerst schwierig. Eigentlich nicht hinzukriegen. Aber die Lust, es trotzdem zu versuchen, groß. Ein Abenteuer. Wir wagen es, probieren immer wieder. So habe ich mir das vorgestellt.

Wir erleben die großen Komponisten unserer Zeit. Witold Lutoslawski kommt und dirigiert seine «Jeux Venetiens». Ein verspieltes Stück voller heller und sprudelnder Klangflächen. Sparsam sind seine Bewegungen, leise und freundlich seine Anweisungen. Er ist erfüllt von seiner Musik, drängt sich nie vor sie hin. Wie denn auch. Es ist ja seine eigene. Vielleicht die wichtigste Erfahrung für mich: dass es um die Musik selbst geht, um nichts anderes. Ein Komponist, also ein Mensch, der in der Lage ist, eine klingende Welt zu erfinden, die seinem ureigensten Wesen entspricht, steht selbstverständlich dafür ein. Alle anderen dürfen versuchen, sich in seine Lage zu versetzen.

Ich habe es immer als ein ungeheures Privileg empfunden, den Komponisten persönlich zu treffen. Einblick in sein Denken zu erhalten, in das Wesen seines Schaffens. Tatsächlich an der Quelle zu sein. Dort, wo Musik entsteht, dort, wo sie wächst. Am eigentlichen Ort, am Ursprung, am Beginn.

Nach und nach bewege ich mich auf das Dirigieren hin. Lerne vor allem im Ensemble. Durchs Mitspielen, durchs Beobachten. Ich wechsele das Studienfach. Beginne mit eigenen Versuchen. Zunächst mit wenigen Musikern, das ist einfach überschaubarer. Die Herausforderung, mit einer großen Gruppe von Menschen umzugehen, fällt dabei weg. Man kann sich ganz auf die Sache konzentrieren. Aufeinander hören. Ich bin von zu Hause her gewohnt, Musik gemeinsam zu erleben, zusammenzuspielen. Weil es mehr Spaß macht, als Tage allein mit sich selbst und seinem Instrument zu verbringen. Weil es ums Reagieren geht, ums Zurechtfinden.

Das Schwierige am Zusammenspielen ist, die eigene Stimme zu beherrschen und gleichzeitig auf alles zu hören, was drum herum passiert. Das ist das Geheimnis beim Musikmachen. Jeder sollte es lernen, selbst am Klavier muss die rechte Hand wissen, was die linke tut. Der Dirigent hat den Vorteil, dass er nur zuhören kann. Indes, es stimmt nicht ganz, denn die Bewegung, das Taktschlagen, das Animieren lenkt durchaus ab. Dennoch, er hat keine eigene Stimme, er kann alles im gleichen Abstand wahrnehmen. Seine Aufgabe: es ins Gleichgewicht zu bringen, das richtige Tempo zu finden, das Spiel im Fluss zu halten, zu lenken, weit in die Zukunft zu schauen, gleichzeitig in das Vergangene zu hören, immer zu wissen, an welcher Stelle sich das Stück befindet und wie weit es noch ist.

Er muss in jeder Faser des Stückes sein, in jeder kleinsten Nebenstimme. Er muss alles kennen. Den Spielern immer einen Schritt voraus. Ein hoher Anspruch. Dem zu entsprechen braucht viel Zeit, Erfahrung und Geduld. Es kann Jahre dauern, bis man so weit ist. Das Ensemble gab mir diese Zeit. Ich durfte wachsen, unter Freunden.

Mein erster Auftritt als Dirigent: das «Ballet méchanique» von George Antheil, dem amerikanischen enfant terrible aus den zwanziger Jahren. Der beim Spielen seiner eigenen Musik demonstrativ einen Revolver aus der Tasche zog, ihn sorgsam auf dem Flügel ablegte und darauf achtete, dass niemand den Saal verließ. Das Stück ist für vier Klaviere und zehn Schlagzeuger. Es wurde in einem Pariser Salon uraufgeführt. Kaum zu glauben. Die Instrumente waren über mehrere Stockwerke verteilt. Es muss ein echtes Spektakel gewesen sein. Eine Musik voller Witz und Pep. Es klingelt, es brummt, es hämmert und knackt. Da muss man einfach gute Laune kriegen. Das Geräusch von Flugzeugpropellern sticht besonders heraus, damals noch eine echte Sensation. Dazu alle Arten von Schlagwerk, dessen Antheil habhaft werden konnte. Der perkussive Charakter erfordert höchste Präzision. Rhythmus ist alles. Es wimmelt von Taktwechseln, von ungeraden Takten. Man kann leicht aus der Kurve fliegen. Ich wurde also ins kalte Wasser geworfen und musste schwimmen lernen. Fehler durften nicht passieren. Einen falschen Takt zu schlagen hätte katastrophale Folgen gehabt. Eine harte, aber gute Schule. Ich profitiere bis heute davon.

Dann Anton Webern: «Sechs Orchesterstücke op. 6», zur Abschlussprüfung. Das erste Mal, dass ich vor einem großen Symphonieorchester stand. Ich unterbrach nach jedem Takt. Natürlich viel zu oft. Aber diese Musik besteht nur aus kurzen Phrasen, einzelnen Momenten, Zuständen, kostbar und zerbrechlich jeder von ihnen. Sie hängt an einem dünnen Faden. Wenn er zerreißt, war alle Mühe umsonst. Ich erinnere mich gut. Ich ging in meinem Zimmer auf und ab, konnte es kaum abwarten bis zur nächsten Probe. Das heilige Feuer, das man dringend braucht, es hatte mich gepackt.

Die Moderne war für mich ein idealer Ausgangspunkt. Das Augenmerk liegt auf dem Technischen. Es ist die Deutlichkeit, die zählt. Handwerk und klarer Schlag genügen, ein scharfes Ohr vorausgesetzt. Und Leidenschaft für Unbequemes, Lust, sich einzusetzen, zu kämpfen für ein Repertoire, das abseits liegt aus Gründen, die ich bis heute nicht verstehe. Ich machte meinen Weg, lernte schnell und kam voran. Fühlte mich wohl in meiner Rolle, lebte auf und hatte nichts dagegen, hier und da auch mal anzuecken. Ich wusste ja warum. Es entsprach meiner tiefsten Überzeugung. Es gibt nichts Schöneres, als sich gegen Widerstand für etwas einzusetzen, an das man wirklich glaubt. Dabei habe ich nie vergessen, woher ich komme. Ich bin fest davon überzeugt, dass Schubert und Nono, dass Beethoven und Schönberg, dass Mozart und Strawinsky sich im Geiste ganz nahe sind. Die Innigkeit, der Abgrund, die Wildheit, das Ringen um die Form, die Lust am Spiel haben sich nicht geändert. Wir leben nur in einer anderen Zeit. Die Sprache hat sich verändert, die Ausdrucksmittel haben sich entwickelt. Die Bäume sehen anders aus, der Wald steht weiter. Ich wünsche mir, das vermitteln zu können.

Ich bin aus meines Vaters Haus in die Welt der Moderne aufgebrochen und habe dort vieles von dem wiedergefunden, das angeblich schon verloren schien: Schönheit, Begeisterung, Schmerz, Traum und Leichtigkeit. Nichts von dem kann verschwinden, solange Musik geschrieben wird. Sie entsteht zu aller Zeit aus gleichem Antrieb: aus dem unbedingten Willen, innerste Erkenntnisse, Nöte, Überschwänge, die in Worten nicht zu fassen sind, einzufangen in einer Sprache, die eben nichts konkret benennt. Die nur wiedergibt, was in uns schwingt, wenn Wesentliches uns bewegt.

Dies Wesentliche zu vermitteln, darum geht es. Die Botschaft zu überbringen. Wenn sie deutlich wird, versteht sie jeder. Das ist meine Erfahrung. Wie es passiert, auf welche Weise, bleibt ein Geheimnis. Wir sind ihm auf der Spur, ein Leben lang.

«No hay caminos, hay que caminar». Ein spätes Stück von Luigi Nono für Orchester zu sieben Chören, sechs davon im Saal verteilt. Klänge von Trommeln, Glocken und Trompeten, die sich durch den Raum bewegen, suchend, sich verlierend, wiederfindend. Es gibt keine Wege, du musst einfach drauflosgehen. Um das «Andere», das du noch nicht kennst, zu entdecken, zu erleben. Nicht daran denken, wohin du willst. Dich nicht davor fürchten, wohin es dich bringen mag. Das Weitergehen ist das Entscheidende.

Ich bin seit fünfundzwanzig Jahren unterwegs. Ich habe viel gesehen und gehört, bin noch lange nicht am Ende meiner Reise angekommen. Es gibt so manches Stück, das ich nicht kenne. Und manchen Ton, der mich noch überraschen wird. Kein Grund, sich aufzuregen. Eher einer, sich zu freuen auf die nächsten fünfundzwanzig, auf Unbekanntes, Aufwühlendes, Irritierendes. Auf neue Begegnungen, neue Orte, neue Erkenntnisse. Weiter zu träumen von einer Musik, wie sie noch keiner gehört hat. Jeder stellt sich eine andere vor. Solange sie wahrgenommen wird, gibt es Zukunft. Den Menschen, die sie aufschreiben, den Komponisten, sollten wir dankbar sein. Sie folgen jener Kraft, die uns voranbringt, die das Morgen ahnt. Verlieren wir sie nicht.

Als Julia Kühn mich im Juni 2002 anrief, um mich zu fragen, ob ich ein Buch über Musik schreiben würde, war ich zunächst skeptisch. Warum ausgerechnet ich? Aber irgendetwas geriet in Bewegung. Ich begann nachzudenken. Es war eine riesige Herausforderung. Über Musik schreiben. Endlich einmal die Gedanken ordnen, die sonst an so vielen Stellen verfliegen, auf Nimmerwiedersehen. Es war eine Chance. Aber ich zögerte. Wie sollte ich

Danksagung

die Zeit finden, neben meiner Arbeit? Julia Kühn blieb hartnäckig. Wir verabredeten ein Testkapitel. Ich schrieb über meinen Vater. Damals lebte er noch. Als es ihr gefiel, machte ich weiter. Die Form ergab sich beim Schreiben. Sie sollte musikalisch sein. Zwei + zwölf + sieben, drei wichtige Zahlen in der Musik, ergeben 21.

Viele Freunde haben mir Mut gemacht, mir bei der Korrektur geholfen. Besonders hervorheben möchte ich Claudia Bolduan, meine persönliche Assistentin, die nicht nur alles Geschriebene aufbewahrt und gesichert hat, sondern mit Rat und Kritik bereitstand, wann immer es nötig war. Große Teile dieses Buches sind im Hotel Wedina entstanden. Dem ganzen Team um Silvia Reiter gilt mein Dank, dass sie mich so freundlich aufgenommen, mich so aufmerksam versorgt haben.

Ich hätte nie gedacht, dass Schreiben so viel Zeit und so viel Kraft verlangt. Aber ich bin dankbar für eine unvergessliche

Erfahrung. Ich hoffe sehr, dass Clara, Lukas, Yann und Julia dieses Buch lesen werden, wann auch immer. Sie mussten in dem Jahr, in dem dieses Buch entstand, viel auf meine Aufmerksamkeit verzichten. Sie mögen es mir bitte eines Tages verzeihen.

Hamburg, im August 2004

Glossar

A cappella: reiner Chorklang, ohne instrumentale Begleitung

Bella voce: schöne Stimme, der Inbegriff des Wohlklangs

Chromatisch: Tonfolge, die nur aus Halbtönen besteht

Cluster: ganze Haufen von Tönen in engem Abstand

Crescendo: das Lauterwerden

Diminuendo: das Leiserwerden

Dissonanz: starke Reibung zwischen zwei Tönen

Dominante: der Klang, der in der Kadenz unmittelbar auf eine Tonart hinweist

Fischi: feinstes Pfeifen in höchsten Lagen

Flageolett: Obertonklang auf einem Streichinstrument

Fuge: kontrapunktische Form, in der ein Thema mehrfach durch alle Stimmen wandert

Instrumentation: Verteilung der Musik auf die einzelnen Stimmen des Orchesters, schafft Klangfarben und Räumlichkeit

Intonation: Ideal einer Klangreinheit der Töne untereinander

Kadenz: Folge von Akkorden, die eine Tonart erzeugt

Kantate: mehrsätziges Werk für Gesang und Orchester

Konsonanz: wenig Reibung zwischen zwei Tönen

Kontrapunkt: eine eigenständige, gleichwertige Gegenstimme zu einem Thema

Kopfmotiv: erste Figur eines musikalischen Themas

Kopfsatz: erster Satz einer Symphonie

Metrum: gleichförmiger Puls, aus dem Rhythmus geformt wird

Miniatur: ein sehr kurzes Stück, Verkleinerung einer Form

Modulation: Übergang von einer Tonart in eine andere

musique concrète: elektronische Musik, deren Klänge aus Alltagsgeräuschen bestehen

Notation: Zeichensystem, nach dem Musik aufgeschrieben wird

Parkmusik: eine Musik, die unter freiem Himmel gespielt wird

Partitur: Niederschrift aller Orchesterstimmen auf einer Seite

Pentatonik: Tonleitern, die nur aus fünf Tönen bestehen

Phrase: «was man auf einem Atem singen kann» (A. Schönberg)

Pizzicato: das Zupfen der Saite auf einem Streichinstrument

Polyphonie: kunterbunte Verknüpfung verschiedener Melodien

Programmmusik: Beschreibung außermusikalischer Vorgänge (zum Beispiel das Fließen der Moldau von der Quelle bis zur Mündung im gleichnamigen Stück von Friedrich Smetana)

Sequenz: Wiederholung eines Motivs auf einem anderen Ton

Serielle Musik: Kompositionstechnik, bei der alle Ereignisse durch eine Zahlenreihe bestimmt werden

Symphonie: mehrsätziges Werk für ein Orchester

Tonika: der Klang, der in der Kadenz die Tonart bedeutet

Transponieren: das Versetzen auf einen anderen Ausgangston

Tremolo: schnellstmögliche Wiederholung eines Tones

Wohltemperierte Stimmung: Unterteilung der Oktave in zwölf gleich schwebende Halbtonschritte

Zwölftonmusik: Gleichberechtigung aller zwölf Halbtöne

Zwölftonreihe: festgelegte Reihenfolge aller zwölf Halbtöne, aus der eine Oktave besteht

Postskriptum: Eine kurze Geschichte der Intervalle

Ein Intervall bezeichnet den Abstand zwischen zwei Tönen. Er wird durch Zahlen ausgedrückt, die der lateinischen Sprache entlehnt sind. Ausgangspunkt ist die Prime, der Einklang, das Verhältnis eines Tones zu sich selbst, mit der Zahl 1 bezeichnet. Die Zahl 8 steht für die Oktave, die Ausweitung des Einklangs in den Raum. Dazwischen liegen Sekunde, Terz, Sexte und Septime, jede von ihnen groß und klein. Quarte und Quinte umrahmen die Mitte der Oktave, den Tritonus. Das hat eine gewisse Symmetrie, die von den Komponisten auch ausgiebig genutzt wird.

> Ein komplettes Komponisten- und Werkverzeichnis finden Sie auf der Homepage des Rowohlt Verlages unter www.rororo.de/metzmacher/musik

Verwendete Quellen

Gustav Mahler
Kurt Blaukopf: «Gustav Mahler oder Der Zeitgenosse der Zukunft»; dtv/
Bärenreiter Zweite Auflage Mai 1980.

Claude Debussy
Pierre Boulez: «Anhaltspunkte: Essays», Lexikonartikel Debussy; dtv/
Bärenreiter 1979.

Olivier Messiaen
Alte Oper Frankfurt (Hg.): «Das Messiaen-Programm der Frankfurt Feste
1984»; Programmbroschüre.

Arnold Schönberg
Arnold Schönberg, Nuria Nono-Schönberg: «Arnold Schönberg 1874–
1951»; Ritter 1998.

Edgard Varèse
Klaus Angermann und Helga de la Motte-Haber (Hg.): «Edgard Varèse
1883–1965: Dokumente zu Leben und Werk»; Peter Lang 1990.

Karlheinz Stockhausen
Karlheinz Stockhausen: «Texte zur Musik», Band 1-6; DuMont 1952–
1984.

Luigi Nono
Berliner Festspiele GmbH (Hg.): «Komponistenportrait Luigi Nono –
38. Berliner Festwochen. Programmbuch»; Berlin 1988.

Karl Amadeus Hartmann
Bayerische Staatsbibliothek (Hg.): «Karl Amadeus Hartmann und die Musica Viva. Essays. Bisher unveröffentlichte Briefe an Hartmann. Katalog
zur Ausstellung Juni-August 1980»; Piper/Schott 1980.

Igor Strawinsky
Igor Strawinsky: «Musikalische Poetik»; Schott 1949.

John Cage
Richard Kostelanetz (Hg.): «John Cage im Gespräch. Zu Musik, Kunst und
geistigen Fragen unserer Zeit»; DuMont 1989.

Ferruccio Busoni: «Entwurf einer neuen Ästhetik der Tonkunst»; Suhr-
kamp 1979.

Der Autor

Ingo Metzmacher ist einer der international gefragtesten Dirigenten, berühmt für seine innovativen Programmgestaltungen und lebendigen Interpretationen. Seit 1997 ist er Generalmusikdirektor der Stadt Hamburg, ab Sommer 2005 wird er als Chefdirigent die Nederlandse Opera in Amsterdam leiten.

Geboren 1957 als Sohn des Cellisten Rudolf Metzmacher in Hannover, hatte er seit seinem sechsten Lebensjahr Klavierunterricht und studierte Klavier, Musiktheorie und Dirigieren. 1981 begann seine Zusammenarbeit mit dem Ensemble Modern, dem führenden deutschen Ensemble für zeitgenössische Musik – zunächst als Pianist, dann als Dirigent. 1985 ging er als Solorepetitor an die Frankfurter Oper unter Michael Gielen und debütierte dort 1987 mit Mozarts «Figaros Hochzeit»; sein Debüt an der Brüsseler Oper mit Franz Schrekers «Der ferne Klang» 1988 macht ihn mit einem Schlag über Deutschland hinaus bekannt, zahlreiche Dirigate an führenden deutschen und ausländischen Opernhäusern folgen. Von 1995 bis 1998 war er Erster Gastdirigent der Bamberger Symphoniker, mit denen er den mit höchstem internationalen Kritikerlob bedachten Zyklus der Hartmann-Sinfonien einspielte.

Seit 1997/98 ist Ingo Metzmacher als Hamburger Generalmusikdirektor verantwortlich für Oper wie Konzert gleichermaßen. Seine Silvesterkonzerte unter dem Motto «Who is afraid of 20th Century Music?» sind ein großer Erfolg. Daneben hat er enge Beziehungen zu führenden Orchestern auf der ganzen Welt aufgebaut und tritt regelmäßig als Gastdirigent in den großen Musikzentren Europas und der Vereinigten Staaten auf.

Ingo Metzmacher
Diskographie – EMI Classics

Mit den Bamberger Symphonikern:

Karl Amadeus Hartmann   *Sinfonie Nr. 1*
Arnold Schönberg   *Ein Überlebender aus Warschau*
Bohuslav Martinu   *Mahnmal für Lidice*
Luigi Nono   *Canti di vita et d'amore*

Karl Amadeus Hartmann   *Sinfonien Nr. 2 und 5*
Bernd Alois Zimmermann   *Sinfonie in einem Satz*
Igor Strawinsky   *Sinfonie in drei Sätzen*

Karl Amadeus Hartmann   *Sinfonie Nr. 3*
Charles Ives   *Robert Browning Overture*

Karl Amadeus Hartmann   *Sinfonie Nr. 4*
Olivier Messiaen   *Et expecto resurrectionem*
   mortuorum

Karl Amadeus Hartmann   *Sinfonie Nr. 6*
Alban Berg   *Drei Orchesterstücke op. 6*
Anton Webern   *Sechs Orchesterstücke op. 6*

Karl Amadeus Hartmann   *Sinfonien Nr. 7 und 8*

«Hommage to Benny Goodman»
Malcolm Arnold   *Clarinet Concerto No. 2*
Aaron Copland   *Clarinet Concerto*
Igor Strawinsky   *Ebony Concerto*
Leonard Bernstein   *Prelude, Fugue & Riffs*
Verschiedene   *Big-Band Arrangements*

Richard Strauss   *Hornkonzerte Nr. 1 & 2*
Benjamin Britten   *Serenade für Tenor, Horn und*
   Streicher
   Marie Luise Neunecker, Ian Bostridge

Karl Amadeus Hartmann	*Gesangsszene*
	Miserae
Luigi Dallapiccola	*Canti di liberazione*

Mit anderen Klangkörpern:

Alban Berg

Wozzeck (live recording)
Bo Skovhus, Angela Denoke, Frode
Olsen, Chris Merritt
Jan Blinkhof, Jürgen Sacher
Philharmonisches Staatsorchester
Hamburg

Hans Werner Henze

Sinfonie Nr. 9
Berliner Philharmoniker,
Rundfunkchor Berlin

Charles Ives

Diverse Werke
Ensemble Modern

Luigi Nono

Prometeo – Tragedia dell'ascolto
Live-Mitschnitt der Aufführung im
Zeitfluss-Festival,
Salzburg 1993, Ersteinspielung
Ensemble Modern

Wolfgang Rihm

Die Eroberung von Mexiko
Mitschnitt der UA-Produktion der
Hamburgischen Staatsoper, Erst-
einspielung

**«Who is afraid of
20th Century Music?»**

Live-Mitschnitt der Silvesterkonzerte
in Hamburg
Volumes 1–5 (EMI und Sony Classical)
Philharmonisches Staatsorchester
Hamburg

Gemälde: Elias Gottlob Haußmann

S 21/2

rowohlts monographien

Musik und Kunst

Die Bach-Söhne
Martin Geck
3-499-50654-8

Georg Friedrich Händel
Michael Heinemann
3-499-50648-3

Wolfgang Amadeus Mozart
Fritz Hennenberg
3-499-50523-1

Ludwig van Beethoven
Martin Geck
3-499-50645-9

Richard Wagner
Martin Geck
3-499-50661-0

Michelangelo
Daniel Kupper
3-499-50657-2

Vincent van Gogh
Stefan Koldehoff
3-499-50620-3

Paul Klee
Carola Giedeon-Welcker
3-499-50052-3

Pablo Picasso
Wilfried Wiegand
3-499-50205-4

Frieda Kahlo
Linde Salber
3-499-50534-7

Salvador Dalí
Linde Salber

3-499-50579-7

Weitere Informationen in der Rowohlt Revue oder unter www.rororo.de